＼世界のVIPが指名する／

執事の手帳・ノート術

日本バトラー&コンシェルジュ株式会社
代表取締役社長
新井直之

文響社

はじめに

「ノートをあとから見直しても、よくわからない」
「打ち合わせをした後、よく話と違うと言われる」
「いつも仕事に追われて、プライベートの時間がなかなかつくれない」

本書では、こういった悩みを解決するために、執事である私がふだん心がけている手帳・ノートの使い方についてご紹介します。

と申しましても、カラーペンやシールなどを多用した「見栄えのするノート&手帳術」ではありません。**3冊のノート＋2色のペンという最小限のツールで効率よく予定を管理でき、さらには周囲への報告・共有もできるという優れもの**です。

ところで、私の職業である「執事」と聞いて、英国貴族の世界などを思い浮かべたという人も、きっと多いことと思います。「自分とは遠い世界の人なのでは……」などと思われたかもしれません。

そこで自己紹介もかねて、なぜ執事を生業とする私が、本書を書くことになったのか、少しお話ししておきましょう。

私は、日本バトラー&コンシェルジュという会社を経営しています。プロの執事とコンシェルジュを、ご要望に応じてご主人（お客様）のもとに派遣し、様々なサーヴィスをご提供しています。ご主人の送迎やお食事・ご旅行の手配といった、みなさんがイメージされるようなサーヴィス以外にも、記念イベントの企画・運営やご主人のスケジュール管理、アイデア出し、資産運用のアレンジなど、公私問わず幅広いサーヴィスに務めております。

ご主人は主に「ＶＩＰ」や「大富豪」と呼ばれる方々です。中には、外国の大統領クラスの方々やフォーブス誌世界大富豪ランキングトップ10に入る大富豪、世界の天然資源を握る大富豪もいらっしゃいます。

そんな方々から、いつ何時、どのようなご要望をいただいてもお応えできるように、幅広い知見やビジネスセンスを身につけてまいりました。

今の事業を立ち上げてから早十年以上が経ちます。

それにしても、執事とは、たいへんシビアな職業です。

私がお仕えするご主人に共通しているのは、ご自身にも、周囲の私たちにも厳しい目をお持ちであるということ。提供するサーヴィスも、100点では不合格です。130点のサーヴィスができてはじめて、信頼していただけます。

しかも、契約は時間単位。1週間のうち、2時間なら2時間という限られた時間内にご主人の期待値を上回る仕事ができなければ、私どもの職業は成り立ちません。まるで、毎回が役員面接のようなものです。

そう聞くと、さぞかし几帳面で記憶力にもすぐれ、なおかつ気配りの行き届いた人物を思い浮かべるに違いありません。

しかし正直に申し上げて、私は、そうした完璧さには程遠い人間なのです。

性格は、どちらかというとズボラなほう……と申し上げなくてはなりませんし、自分の記憶力にも、それほど自信はありません。

一を言われて十を理解する、まさに「打てば響く」ような執事でありたいと願ってはおりますが、まだその域に達しているとも思っておりません。

それでも私は、同業他社がほとんど存在せず、「ニッチすぎて成功しないだろう」とまで言われていた中で、この執事サーヴィス業を確立しました。

リピート率も8〜9割にのぼり、おかげさまで新規のお客様も増えています。会社の売上も毎年前年比30％以上と、目標を超えるスピードで成長しています。

それも、本書でご紹介していく「ノート＆手帳術」のおかげ。独自の手法でノートと手帳を活用することでミスなく、効率よく成果を上げ、人に厳しいお客様からも、堅い信頼をお寄せいただいてきたからなのです。

ぜひみなさんも、この「ノート＆手帳術」を通じて、仕事の効率を飛躍的にアップする手応えを感じていただきたいと思います。そして、周りの人たちと信頼関係を築き、より豊かな明るい展望を築いていただければ幸いです。

新井直之

contents

第2章 どんな人とでも信頼関係を築ける「1ランク上の」ノート術

第3章

より豊かな未来を引き寄せる執事の「手帳術」

第4章 締め切り直前でも期待以上の仕事ができる執事の「アプリ術」

第5章

みるみる「自分の時間」が生まれる執事の「タイムマネジメント術」

プロローグ

この仕事術で「最短距離で成果を出す人」になる！

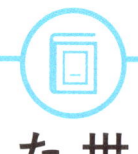

世界のVIPを満足させる仕事はたった「3冊のノート」から生まれる

仕事を素早く、なおかつ的確にこなして信頼される。

さらには、将来に向けて、自分自身をより成長させていく。

私は「ノート」「手帳」「アプリ」の使い方を少しレベルアップさせるだけで、これらを叶えることができると考えています。

レベルアップのしかたは、**「ノートや手帳の使い分けを変える」こと。**

「それぞれの使い方を変える」というと少し面倒に感じる人もいらっしゃるかもしれませんが、むしろその逆です。

それぞれの役割分担を変えたことで、私自身、**ミスやトラブルが激減しまし**

た。それだけでなく、それまで以上により多くの**お客様から信頼していただけるようになった**のです。

また私は現在、冒頭でもお伝えしたとおり、執事サーヴィス業を展開する会社を経営しています。今の事業を立ち上げた十年前は誰に話しても「失敗確実」「ニッチすぎる」「事業性がない」などと散々なことを言われました。そんな多くの予想に反し、おかげさまで創業以来、新規のお客様も順調に増えています。

フォーブス誌世界大富豪ランキングトップ10に入る大富豪にも目に留めていただき、会社も、目標を超えるスピードで成長させることができています。さらには、新しい事業のアイデアや施策も、どんどん広がっています。

これも、ノートと手帳の役割分担を、少し変えたからにほかなりません。

それぞれの使い方は第1章以降で具体的にご説明しますが、ここでは3つのノートの役割をどのように変えたのか、ご紹介いたしましょう。

相手との信頼関係を築くノートの役割と使い方

まず、私の考えるノートの役割とは、ひとつは仕事を素早く、かつ的確にこなすためのツールであること。

そしてもうひとつは、**「成果と信頼関係を生むこと」**です。

打ち合わせの際にノートをとるというのは、誰もが当たり前にしていることでしょう。

そこで「どんなノートをとるか」――もっと具体的に申し上げれば、**「いかに要点をつかみ、本質をとらえるノートをとるか」によって、仕事の効率も質**

も大きく変わってくるのです。

以前の私は恥ずかしながら、物事の本質をとらえたり、新しいことを考え出したりするのが苦手でした。臨機応変に対応することもままならず、仕事でも右往左往してばかり。どちらかというと、「できない」部類のほうだったのです。

それが今では、ノートの使い方を変えたことで短時間で相手の話の要点をつかむ、物事の本質をとらえる、新しいアイデアを考える、といったことが難なくできるようになっています。

そして、それに伴い、大富豪をはじめとしたお客様に高評価をいただけるようになっていきました。

それは、お客様との打ち合わせ内容から、本質をとらえた的確な提案を導き出してきたから――それを可能にするような「打ち合わせのノート」をとってきたからだという自負があるのです。

ノートは効率を大幅にアップさせる「作業スペース」

ではここで質問です。

みなさんは、ノートをどんなツールとしてとらえているでしょうか。「要点を書きとるためのもの」「アイデアをまとめるもの」「記録として残すもの」……いずれも「書くこと」が前提になっていると思います。

しかし、ここでご紹介したいノートとは、「書くため」だけのものではありません。**考えるために「頭も手も使う」、流動的な「作業スペース」**です。

今、「手も使う」と申し上げましたが、「手で書く」ということが非常に大切なポイントです。

大事な要素を聞き出し⇒要点を整理し⇒本質をつかみ⇒結論を導く。

第2章でもお伝えしますが、このすべてのプロセスをパソコン上で行なうのには限界があります。これこそが、ノートを「書く」理由です。このプロセスを、ノートという「作業スペース」の上で、手と頭をフル活用して行なってこそ、本質を的確に導き出すことができるのです。

本質をつかめれば先を読むことができ、次に何をすべきかがわかりますから、行動も速くなり、結果も出しやすくなります。こうして仕事の効率はもちろん、質の向上、そして相手との信頼関係にまでプラスに働くようになるのです。

「第2のノート」——手帳は未来の自分をつくるバイブル

一方、「手帳」といって思い浮かぶのは、どんなものでしょうか。

カレンダーとノートが1冊に綴じられたノートタイプのものや、バインダータイプのシステム手帳などでしょうか。

私も、カレンダーとノートが1冊にまとまっている手帳を使っています。

しかし、何より重要なのは、やはり「役割分担を変えること」です。

私は手帳の「カレンダー欄」を、スケジュール管理には使っていません。また手帳の「ノート欄」も、打ち合わせではほとんど使いません。手帳には、白分自身の将来をよりよくするために実行したこと、吸収したいことだけを書きます。

手帳は、いわば自分の「バイブル（聖書）」。より豊かな未来をつくるサポーターとして機能することが、手帳の役割と考えています。

私がこれまで出会ってきた大富豪は、不思議なことに、「今」を管理するためというよりは、例外なく**「未来」をよりよいものにするために手帳を使っていらっしゃいました**。

「今」をよりよいものにするために手帳を使うことも、もちろん大切です。

ただ、もう少しだけ先の「未来」も見据えるつもりで手帳を開くと、目標を持ち、達成することが、より身近で日常的なことになっていきます。すると、「より豊かな未来」というものが、自然につくられていくのです。

これは、私がお仕えしてきた大富豪のみなさんを拝見してきて思うことですし、私自身にも当てはまることです。

先ほど挙げたお客様の好評価は、「より豊かな未来」をつくるサポーターとして手帳を使ってきた結果でもあるのです。

では、「より豊かな未来」をつくるサポーターとするために、手帳に何を書くのでしょうか。具体的には次のようなことです。

カレンダー欄で行なうこと

- その日、自分が将来のためにアクションを起こしたかどうか○×をつける
- より豊かな将来のために、目標を月の初めに明記する

ノート欄で行なうこと

- 将来のために自分のものにしておきたい知識や、自分を成長させてくれそうなものの見方、考え方を書き留める
- 心に響いた誰かの言葉や本の一節を書き留める

手帳は、このように自分を成長させてくれる「教え」や「戒め」が詰まった宝庫とも表現できます。何度もくり返し目にすることで教えをくれる、まさに

「バイブル」というわけです。

毎日「何となく」過ごしていると、忙しさに流されがちです。目の前の仕事をこなすのに精一杯だと、なかなか「これから」のことには考えが及びません。将来へ向けたアクションが後手に回ってしまうこともあるでしょう。

手帳は、そんなふうに「多忙さに流されがちな毎日」に終止符を打ってくれる存在です。忘れがちな目標を再度認識させ、モチベーションを高めてくれる存在ともいえます。それが「より豊かな未来」をつくるサポーターという役割を担う手帳の機能なのです。

時間のムダ・ミス・トラブルを撲滅する「第3のノート」——アプリの活用法

手帳のカレンダー欄をスケジュール管理のために使わないとなると、日々の予定は何に書き込むのでしょう。

それは、カレンダーアプリです。カレンダーアプリを使いこなすことで、タイムマネジメント能力も高めることができます。

のちほど詳しくお話ししますが、そもそもノートと手帳には、「手書き」という「アナログ形式」が適しています。

一方、スケジュール管理には、断然「デジタル形式」が適しています。パソコンやスマホのカレンダー機能のほうが使い勝手がよく、仕事の効率も質も上げるのに大きく役立ってくれるからです。

私は、10年前に今の事業を立ち上げて以来ずっと、デジタル形式のカレンダーを使っています。

こう申し上げると、「自分だって、すでにGoogleカレンダーなどでスケジュール管理をしているよ」という人も多いことでしょう。

ただし、単にパソコンやスマホでカレンダーに予定を入れているだけでは、このデジタルツールのメリットをフルに活用していることにはなりません。

ではどうすれば活用していることになるのでしょうか。


デジタル形式のカレンダーを使うメリットとして真っ先に浮かぶのは、**スケジュールをリアルタイムで他人と共有できること**だと思います。

いちいち聞かなくても、デジタル上で相手の空いている日時を確認できるので、すぐに予定を入れることができます。その他にも、デジタルで管理するメリットは大きく3つあります。

カレンダーアプリは〝無料で使え、ミスのない優秀な秘書〟

1つ目は、**今日から1年先までのスケジュールを常に俯瞰《ふかん》できること**です。

たとえば今月が11月なら来年の11月まで、今月が12月なら来年の12月までというふうに、常に1年先を見通すことができます。

では、なぜ俯瞰できることがメリットになるかというと、全体を見渡すことで、仕事の偏りが一発でわかるからです。

仕事の偏りがわかると、「来月は詰め込みすぎだから、次の月は有給をとって、前から行きたかった美術館に行こうかな」とか、「今月は激務だけど、これが終わったらひと段落するから、翌月はずっと先送りになっていた部屋の片付けでもするかな」などというふうに、少し先をイメージすることができます。

2つ目のメリットは、**過去の予定が一瞬で探し出せること**です。

以前会ったことのある人にまた会うという場合、過去いつ会ったか、どこで会ったか、などがわかると、会話が弾むきっかけになります。

また、これは営業的な視点かもしれませんが、「何回会っているか」というのがわかると、「会っているわりには仕事の契約に結びついていないな」「次回は◯◯の話をしようかな」などと対策がとれます。

アナログの手帳から過去のいつ、どこで、誰と会ったかを探すには、ページを遡《さかのぼ》りつつ、目を皿のようにして探さなくてはなりません。1年以上前の予定を探そうものなら、過去の手帳を引っ張り出してくる必要があります。

その点、デジタル形式のカレンダーであれば、相手の名前などで検索をかければ、何年前の予定だろうと一瞬でわかります。

そして3つ目のメリットは、**デジタル形式のカレンダーには、もれなく「通知機能」がついていること**。つまり、パソコン上にポップアップが出たり、スマホのアラームが鳴ったりして、もうすぐその予定が始まることを知らせてくれる機能です。この機能を活用することで、スマホが「優秀な秘書」になってくれるのです。

たとえば、外出する30分前くらいに通知が出るようにしておけば、目の前のことに集中したり、バタバタと過ごしたりしているうちに出遅れ、次の予定に遅刻してしまう……といったことを避けられます。

私は、基本的に自分の記憶力や自己管理力を、あまりアテにしていません。もともとズボラな性分であり、自分の記憶だけで正確にスケジュールをこなせるか、と聞かれれば、NOと申し上げざるをえません。

それでも、超一流のお客様を相手に、「信頼が命」「ひとつ小さな予定を忘れただけでも契約破棄になる危険がある」という執事の仕事を続けて、もう10年になります。

なぜそれが可能かというと、いつ、どこに行き、何をすべきかを逐一、教えてくれる「スマホという優秀な秘書」がいてくれるからなのです。

こうしたメリットをすべて踏まえて、デジタル形式のカレンダーをフル活用するというのが、第4章でご紹介する「アプリ術」です。

また、デジタル形式のカレンダーを使いこなす以外に、「予定の立て方」そのものにもコツがあります。これは第5章で紹介します。

仕事の効率も質も上げていくには、常に自分が主導権を握っていることが大切です。これには、人の予定に振り回されず、自分本位で予定を立てるということも含まれます。自分本位でありながら相手の心証を損《そこ》ねず、「信頼を勝ち取ることのできるスケジュール術」も、一緒に身につけてしまいましょう。

大富豪の心を一瞬でつかむ執事のタイムマネジメント術

仕事の「期日」は意識していても、意外と抜けがちなのが、その仕事にいつとりかかったらいいかという「作業日」と、その仕事に要する日数（工数）です。

ただし、複数の案件を抱えている場合など、いくつもの仕事の期日や作業日をすべて頭に入れておくのは大変です。忘れてしまうリスクはもちろんのこと、とりかかる優先順位を間違ったり、目の前の仕事に集中できなかったりと、非効率です。

そこで「仕事を素早く、かつ的確にこなし、成果と信頼関係を生む」ためにおすすめなのが、**「カレンダーアプリ」**と**「リマインダーアプリ」**です。

打ち合わせのノートが、「手と頭を使って考えるための作業スペース」だとすれば、これらのアプリは、**打ち合わせから生まれた新たな仕事を、自分の代わりに覚えさせておく「記憶のスペース」**です。

打ち合わせの仕事の内容は、いったん忘れてしまったほうが、目の前の仕事に対する集中力が増し、仕事の効率は上がります。

そこで、打ち合わせで生まれた新しい仕事の期日や作業期間は、いったんアプリに記憶させます。そして、その仕事にとりかかるべき日時など、しかるべきタイミングで通知が出るようにしておけばいいのです。

これで、仕事の期日や作業日を、すべて頭に入れておく必要がなくなります。アプリの通知が出たら、その仕事にとりかかり、集中して終わらせる。また次の通知が出たら、次の仕事にとりかかり、集中して終わらせる。こうして、一つひとつきっちりこなしていくことができます。

このように、**アプリを活用することで、仕事の期日の直前になってあわてた**

り、だらだらと長時間をかけて仕事をこなすことがなくなり、時間が生まれます。そして素早く、的確に仕事を仕上げていけば、おのずと成果と信頼までついてくるというわけです。

第４章では、そんなアプリの使い方にも触れたいと思います。

本書では、まず第１章で、仕事の効率も質も上がる「執事のノート術」についてお伝えします。私がなぜ手書きのノートにこだわるのか、そして、どうすれば打ち合わせ後のアクションをムダなく進められるか、ふだん使っているアイテムとともに余すところなくご紹介します。

第２章ではさらに、自分の書いたノートで相手との信頼関係を築けるようになる、「ワンランク上のノート術」についてお伝えします。これまでのノートに対する考え方を変えるきっかけにしていただければ幸いです。

第３章では、「第２のノート」である「執事の手帳術」についてお伝えします。手帳１冊で未来をつくり変えることができる、その極意が、意外と簡単でちょっ

図1　ノートとアプリを活用する

ノート

手と頭を使って考えるための作業スペース

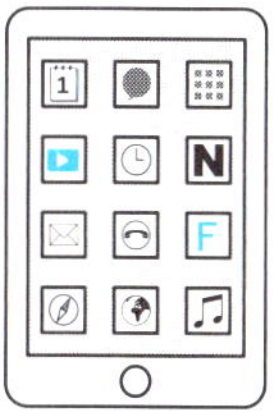

アプリ

打ち合わせから生まれた新たな仕事を自分の代わりに覚えさせておく記憶のスペース

STEP 1 打ち合わせ後に発生する仕事の作業時間を見積もり、その作業時間をカレンダーアプリに入力

↓

STEP 2 作業開始日時になったら、時間内に終わらせることを意識し、集中して行なう

↓

STEP 3 一定以上の品質を保ちながら期日通りに仕事が完了し、新たな時間が生まれる

↓

効率よく仕事が進み、
「成果」と「信頼」を得られる！

としたことなのだということを感じていただきたいと思います。

第4章では、「第3のノート」としての「アプリ術」をご紹介します。締め切り直前でも期待以上の仕事ができるアプリ術を身につけることで、ぜひ周りの信頼を勝ち得てください。

そして最後の第5章では、第4章までに紹介してきた「ノート」をより効果的に使うための「執事のタイムマネジメント術」についてお話しします。それぞれのツールを使って、私がふだんどのように予定を組んでいるのか――大富豪の事例も交えながらご紹介します。会社員でも使えるメソッドが満載です。

これらはいずれも、仕事の効率と質の両方を上げることに欠かせません。

こう書くと難しそうに感じる人もいらっしゃるかもしれませんが、いずれもシンプルで続けやすい方法ばかりです。

ぜひここでご紹介する仕事術を身につけて、みなさんの仕事の効率と質を高めていただければ幸いです。

第1章

仕事の「効率も質も」一気に上がる執事の「ノート術」

私が「手書きのノート」にこだわる理由とは？

セミナーや打ち合わせの場に行くと、パソコンを使って議事録を書いたり、ノートをとる人がいらっしゃいます。

ですが私は、**ノートは断然、「手書き」でとることをおすすめします。**

その理由は、大きく分けて3つあります。

1つ目は、手書きだと「**ノートを取りながら情報を整理できる**」からです。

手書きのほうが、情報を整理しやすい

パソコンは、発言したことをそのまま最初から最後まで書き留めたり、順序立てた内容を淡々と書きとるには適しています。

しかし、実際の打ち合わせや会議では、途中で話題が変わってしまったり、意見の応酬になったりします。また重要な議題が満場一致であっさり終わり、瑣末《さまつ》なことに時間が割かれたりします。

そんな場でのメモの目的は、内容を整理して関連性を見出したり、優先するポイントを絞り、次へのアクションを決めること。ただ時間軸に沿ってテキストをパソコンに入力するだけでは、この目的は達成できません。

一方、手で書くようにすれば、書くこと、書かずに済ませることの取捨選択が自然と行なわれ、メモするポイントが絞られます。さらに、重要箇所のみがメモされているわけですから、あとで整理・確認が必要になっても、時間も手間もかけずに済みます。

手書きは、文字を書きながら図を書いたり、文字と文字をつないで要点をまとめることもできるので、会議や打ち合わせの場で情報を整理していくこともできます。

また、打ち合わせなどでとるノートは、前後の脈絡など関係なく、断片的に出てくる発言やキーワードなどの「点」で出てくる情報を「線」でつなぎ合わせたり、図表化することにより、大事なことや物事の本質をつかむこともできます。

パソコンでとるノートは、一見、かっこよくて効率的なようでいて、じつはとても非効率なのです。

記録で終わるパソコンメモ、創造・共感を生む手書きメモ

手書きのノートが最もその力を発揮するのは、「打ち合わせ後」です。というのも、打ち合わせ後には、そのノートをざっと見ながら、赤ペンで大事だと

図2　ノートを手書きでとるメリット

POINT 1　情報を理解しやすい

書くスペースに制約があるため、情報の取捨選択が自動的に行われる。断片的に出てくる発言など、「点」の情報を「線」でつないだり、ときには図表化したりして物事の本質をつかめる

POINT 2　相手によい印象を与える

メモをとる姿を見せることで、書き手の真剣さが伝わるとともに、発言者の自己重要感が満たされ、より多くの話を引き出すことができる。パソコンだと内職をしていると誤解を受けることもある

POINT 3　打ち合わせの記憶がよみがえる

字の大きさや濃さ、筆圧などから、当時の心理状態を思い出して自分を戒めたり、次会うときの参考になったりする

思われる部分に◯をするだけで、「ひと目で大事なことがわかるノート」が仕上がるからです。これからご紹介するいくつかのコツさえ押さえてノートをとれば、打ち合わせ後にまとめ直したり、パソコンに打ち直す必要はなくなります。**ノートをとる→ポイントをまとめる→自分や他人のタスクを明確化するという一連の作業が、手書きのノートであれば、きわめてシンプルかつ効率的に済む**のです。

このフローを習慣化することで、確実に「仕事のできる人」に近づけます。

パソコンメモがとりこぼしがちな「相手の心」

ノートを「手書き」でとったほうがいい2つ目の理由は、**手書きのメモが、相手によい印象を与える**からです。

打ち合わせで、もし相手が終始パソコンの画面ばかり見ていたら、どのように感じるでしょうか。よい印象は抱かないのではないかと思います。パソコン画面は本人にしか見えていませんから、「他の仕事でもしているのかな」と、不信感を抱かれかねません。

その点、手書きのノートなら、よほど小さなノートを使ったり、ノートを自分のほうに傾けて書いたりしない限り、書いていることが相手にも丸見えです。そのぶん、相手に**「ちゃんと書いてくれているのだな」という安心感を与えます。**

このように、打ち合わせに透明性をもたせるという意味でも、ノートは「手書き」のほうがいいのです。

なぜ手書きメモはビジネスにおける財産になるのか

そして3つ目の理由は、**手書きでノートをとると、その打ち合わせの記憶がよみがえりやすい**からです。字の大きさや濃さ、筆圧などから、その打ち合わせのときに、自分がどんな心理状態になっていたかがよみがえります。

「相手があまりのオーラで緊張したな」

「打ち合わせが爆笑の連続で、あっという間だったな」

「相手が高圧的で萎縮したな」

「予期せぬことを言われて焦ったな」

こういう、ちょっとした自分の心情が手書き文字に表れるというのも、意外とあなどれないポイントです。というのも後日、筆跡や文字を見て当時の打ち合わせの様子をたどったり、当時のことを思い出して、自分を戒めたり、モチベーションを上げたりすることができるからです。


私にも、自分の心情がついノートに映し出されてしまったという、忘れがたい打ち合わせがあります。

ある海外のＶＩＰが来日されたときのことです。

私は、その人の身の回りのお世話をさせていただいたのですが、ご本人の来日に先駆け、代理人とお会いしたときに、身が縮み上がる思いをしました。お会いするや否や、その代理人がこうおっしゃったからです。

「ミスをしたら、（あなたの存在を）消されるよ」

このときのノートの筆跡は、さすがに震えていました。そしていつも以上に細心の注意を払って物事に対応しようという姿勢が、ノートの端々に表れていました。

もしあのときミスをしていたら、今の私はなかったんだ……と思うと、今でも身が引き締まります。ＶＩＰにお仕えする執事という仕事の厳しさを、改めて感じさせていただいた案件でした。

ノートに映し出される心情や書かれた事柄が、相手との信頼関係を築くきっかけになるケースもあります。

親子二代にわたってお仕事をいただいているあるＶＩＰのお話です。

先代は体中から威厳が漂っていて、私はその人のお眼鏡にかなうよう、誠心誠意務めさせていただきました。それから時は過ぎ、先代は亡くなられ、あとを継いだ息子さんとはじめてお会いできることになりました。

そこで、かつて先代とお会いしたときのノートを探してみると、筆圧が強く、一文字一文字をしっかり書いています。強くペンを押し付けて書いたせいか、ところどころインクが出すぎてにじんでいました。

このノートをひと目見ただけで、「あのとき、よほど緊張していたんだな」と、当時の雰囲気がよみがえりました。さらにノートの隅っこには「ペリカンの万年筆」というメモもありました。

息子さんとお会いしたとき、

「威厳あふれるお父様を前にして、非常に緊張したことが思い出されます。ペリカンの万年筆を使っていらっしゃったのも、印象的でした」

と伝えると、息子さんは一瞬、驚いたような顔をされ、こうおっしゃいました。

「あのころの父は病気がちで、恰幅《かっぷく》がよく見えるスーツをあつらえるなど、貧相な印象を与えないように気を遣っていました。威厳が漂っていたと感じてもらえたのなら、父も本望でしょう。

それと……、ペリカンの万年筆は、じつは、私が父の誕生日にプレゼントしたものなのです。父の思い出といえば、私にとっても、あのペリカンの万年筆を手に仕事に勤《いそ》しむ姿です」

これを糸口に、しばらく先代の思い出話に耳を傾けると、詳しい打ち合わせもそこそこに、ご契約となりました。

計算ずくでお話ししたわけではありませんが、これは手書きのノートで記憶がよみがえったおかげで、すぐに信頼を寄せていただけたという、幸運なめぐり合わせでした。

打ち合わせ前のノートに書くべき「この3行」とは？

では、ここから、仕事の効率も質も一気に上がるノートの具体的な使い方について紹介していきます。

みなさんは打ち合わせをしたあと、結論が翌週に持ち越されたり、「で、結局何をすればいいいんだっけ？」などと、モヤモヤしたりすることはないでしょうか。

せっかく時間をかけて打ち合わせをしても、これでは台無しです。

なぜ、こんなことになってしまうのでしょうか。

それはおそらく、「とりあえず」「なんとなく」といった意識で打ち合わせに臨んでいるからです。**「目的意識」がないまま打ち合わせをすると、要点をつかみづらく、結論もボヤけてしまいがち**です。

打ち合わせをする以上、何かしら「目的」があるはずです。

この目的を打ち合わせ「前」に明確にしておくことが、重要なポイントです。

ではどうするのでしょうか。

それは、**打ち合わせ前のノートに3行書く**。ただそれだけでいいのです。

1行目に書くのは「ゴール」。その打ち合わせで何を話し、何を決めるのか、という自分なりの目標です。

2行目に書くのは、「次のアクション」。その打ち合わせを受けて生じる可能性のあるタスクを、先回りして予測を立てておきます。

そして**3行目に書くのは、「締め切り」**。これは2行目の「次のアクション」を、いつまでに終わらせればいいか、あらかじめ目処を立てておくということです。

「たった3行」で打ち合わせの密度が高まる理由

こう書くと、「時間がかかりそう」と感じる人も多いかもしれません。しかし、慣れてくればほんの数分で終わります。ノートの新しいページのトップに3行、ササッと書くだけ。しっかり書く必要はありません。

中には、「次のアクションや締め切りまで、打ち合わせ前に決めるのは難しいのでは？」と感じた人もいらっしゃるかもしれません。

たしかにその通りです。ただ、この段階ではあくまで〝見通し〟でよいのです。仕事を効率よく進めるためには、事前に仕事の「全体像」を描き、それをもとに「打ち合わせの主導権を握ること」が不可欠です。**ある程度の主導権を握れば、相手に振り回される機会がグンと減る**からです。

この3行をあらかじめ考えておけば、他の予定と重ならないよう、前もって調整することができます。**自分の思い描いた通りに仕事を進められる確率は、100%とまではいかなくても、格段に高まる**でしょう。

図3　打ち合わせ前のノートに書きたい3行

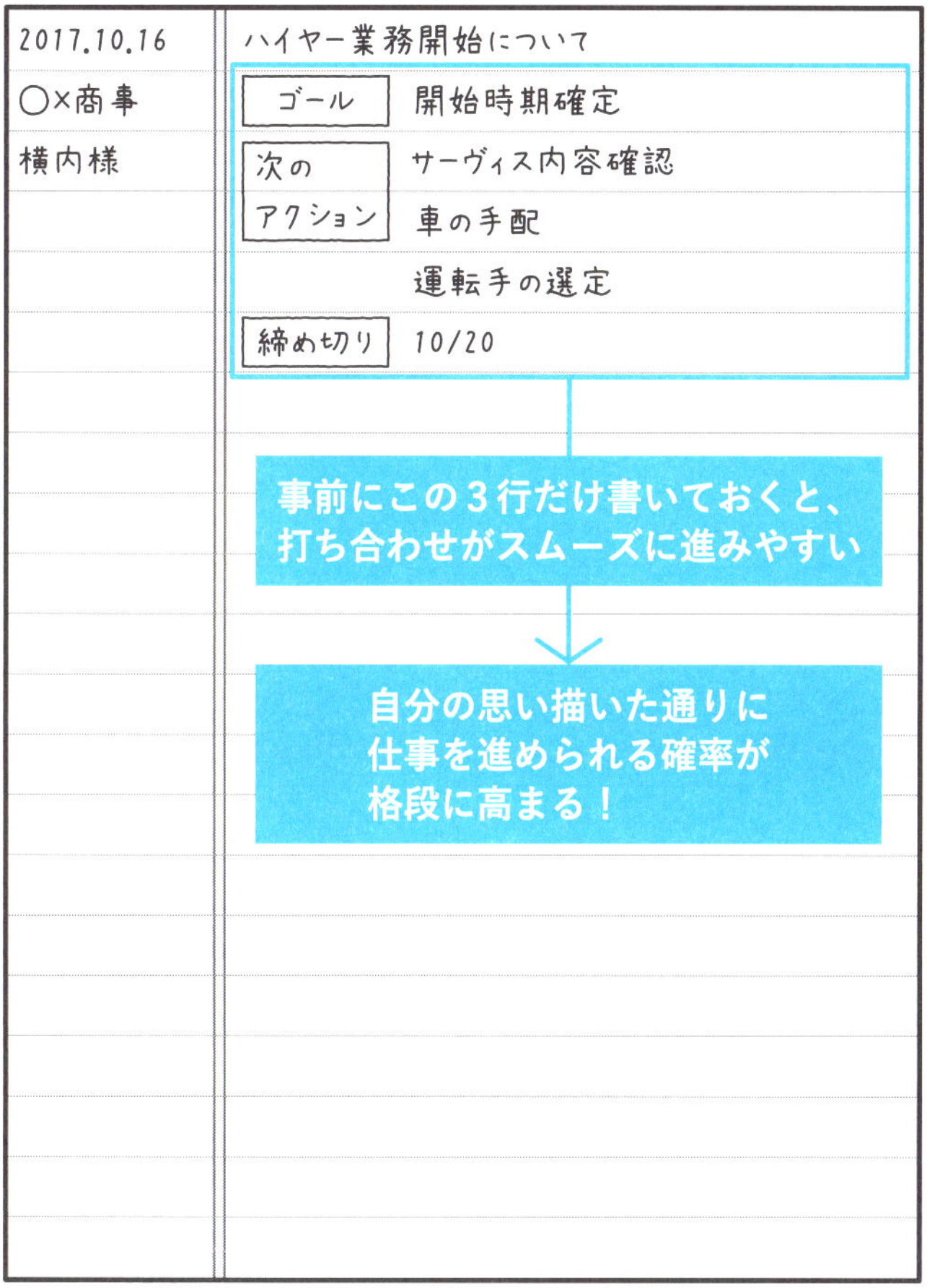

このように、「ゴール」「次のアクション」「締め切り」を事前に考えておくのは、打ち合わせの質を高めるという点で有意義なだけではありません。

一歩先まで考えておくことで、たとえ複数の仕事を抱えていても、すべてを効率よく、かつ最大限の成果を生むように進めることができるのです。

打ち合わせで必ず成果を出せる「1行目の事前メモ」とは？

打ち合わせで「いかに要点をつかみ、本質をとらえるノート」をとるかが、仕事の効率と質、さらには成果や信頼関係にも影響するとプロローグでお話ししました。

そうは申しましても、そもそも「何が要点で、何が要点でないかがわからない」という人もいらっしゃるのではないでしょうか。

打ち合わせの場では、色々な会話が飛び交います。要点の定まらない会話をそのまま書きとれば、当然ながら、要領を得ないノートになるでしょう。

書きとるべき要点を瞬時に取捨選択できないから、すべてを書きとろうとしてしまう。そのために、その打ち合わせのポイントがわからないノートになってしまう……。まさに私自身、以前はそういうノートをとっていました。

これでは、あとから必要に迫られてノートを見直しても、結局、何のための打ち合わせだったのか、次に何をすべきなのかが、さっぱりわかりません。結局、ノートをとったこと自体がムダになってしまいかねないのです。

しかし、前項を読んだ今なら、もう大丈夫です。

というのも、**「打ち合わせ前」に「ゴール」を決めておけば、自然と書きとる内容を取捨選択できるようになるはずだから**です。

ここで申し上げている「ゴール」というのは、人によって様々です。

営業の初回訪問であれば、ゴールは「お客様が求めていることは何かを知る」かもしれません。あるいは、電話やメールでご希望の商品をあらかじめヒアリングしていれば、ここで該当するゴールとは「商品を決めていただくこと」かもしれません。

このようにゴールとは、みなさんがその打ち合わせで決めたいと思っている内容でよいのです。**事前にゴールを明確にしておくことで、ほしい情報にたどり着くスピードも格段に速くなります。**

書きとるのは「ゴールに直結すること」だけでいい

ではそのうえで、どのように書きとるか、ですが、ルールはきわめてシンプル。**『ゴール』に関係しそう」と思ったことを質問し、その回答を書きとっていくだけ**です。文章で書きとらなくても問題ありません。むしろ、「単語だけ」を書きとるほうがいいと思います。

文章を書くより単語だけを書くほうが時間短縮になります。一つひとつの作業は小さな差ですが、この書き方を積み重ねることで、新たな時間が生まれます。

たとえば仮に打ち合わせのゴールが「お客様の希望商品を伺う」だとしましょう。お客様から打ち合わせの際、「2019年度中に3台、コピー機を新しいタイプのものに買い換えて、今あるコピー機は処分し、リース代金の残りは11月末までに払う」というお話を伺ったとします。

このときノートには何を書くとよいでしょうか。

正解は、「コピー機3、2019年度中に処分、リース代金残り11月末まで」となります。

このようにゴールに関係する単語だけを書きとっていくと、それが自然と「ゴールにつながるキーワード集」になっていきます。そして打ち合わせのポイントも格段に導きやすくなるのです。

もちろん、例に挙げたようにスムーズにいかないことも多々あるかと思います。ですが、「ゴールに関係しそうな単語だけを書きとる」と意識するか否かで、書きとる内容も質も、大幅に変わってきます。

何より、大事なことと大事でないことがごちゃまぜになったノートを延々ととらずに済むようになります。**発言を逐一書きとることに精一杯になるあまり、**

図4　ゴールに関係することを書きとる

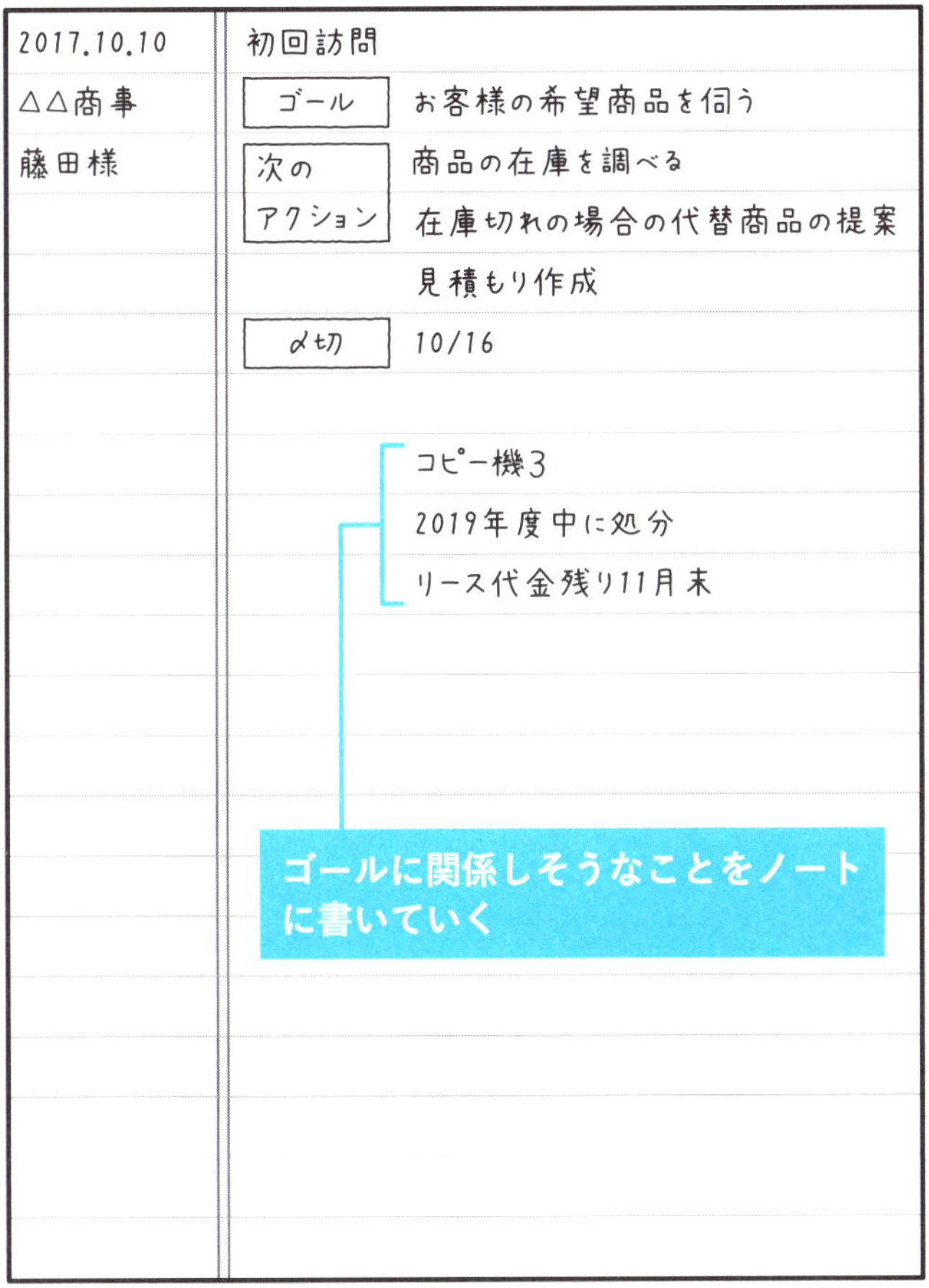

かえって大事なことを聞き逃すというリスクもなくなるでしょう。

「迷いのない、使えるノート」が自然にできるキーワードの選び方

ここでもう少し、実践編としてひとつ具体例を挙げてみましょう。

たとえば私の場合、執事サーヴィスを利用したいというお客様と、第1回目の打ち合わせをすることになったとしたら、「ゴール」「次のアクション」「締め切り」は次のように設定します。

- ゴール――執事に求めるスキル、業務実施日時・曜日、契約期間の確定
- 次のアクション――執事候補者の確定、面談、提案書・見積書の提示
- 締め切り――11月15日

ここまで設定したら、いざ打ち合わせです。

「ゴール」に関係する単語だけをノートに書きとっていくことで、迷いなく要点が洗い出された「使えるノート」になります。

- 今いる執事が1月末で退職
- 12月末までに業務開始希望
- 急な依頼でも柔軟に対応してくれる人材希望
- 社長のスケジュール管理希望
- 社長のご家族のサポートも希望
- 金額は半年契約で月額200万円以内希望

これでキーワードが出そろいました。

打ち合わせの後に、これらを整理し、要点を導いていきます。そのコツを、次項で説明いたしましょう。

ノートは、文字量が少ないほど質が高くなる

先ほど、「ゴール」に関係しそうな単語だけをノートに書きとっていくことで、「使えるノートになる」というお話をしました。

たしかに、**打ち合わせのノートは、「文字量が少ないほど質が高い」**――と申し上げると大げさかもしれませんが、少なくとも、ダラダラと無制限に書き連ねるより、文字量が絞られていたほうが、はるかに「使えるノート」となります。

ダラダラと書き連ねているということは、情報の取捨選択ができていないということ。逆に**文字量を絞っている時点で、情報の取捨選択ができている**ので

す。そのため要点を導き出すのもスピーディー。あとで見直したときにも、ひと目で大事なことがわかるというわけです。

分量の少ないノートほどいい理由

1回あたりの打ち合わせを1時間、長くても2時間とした場合、そこで決められること、つまり**「ゴール」は、多くても3つくらい**です。

それらに関係しそうな内容を、しかもキーワードだけ書きとっていけば、ノートが2枚にも3枚にもわたることはほとんどありません（研修、セミナーなどでノートをとる場合は除く）。

私の今までの経験に照らしても、たいていの打ち合わせではノート1枚、多くても1枚の裏面まで埋まるくらいです。

とはいえ、いきなり要点を絞りながら書くのは簡単なことではありません。

最初のうちは、「ゴールに関係しそうなことだけ書きとる」「単語だけ書く」と、意識しながら書くと効果的です。

その際、**「1度の打ち合わせにつき、ノート1枚」という制限を設けるだけで、ノートに書く内容も厳選され、自然と質が高まる**でしょう。

慣れてきたら、さらに書く量を意識的に減らしていきます。情報を削ぎ落とすさいのポイントは、「あいまいな情報は書かないこと」です。

ノートというと、「たくさん書きとったほうがいい」「発言のすべてを記録しなければいけない」などと思われる人も多いようですが、打ち合わせのノートは、会議の議事録とは異なります。

むしろ大事なのは、**どれほど書きとる内容を削ぎ落とすか**、です。いかにその打ち合わせにおいて大事なことと大事でないことを取捨選択し、書きとる内容を絞り込むこと。あいまいな情報は書かずに、しっかりと具体的な数値や客観的な事実を聞き出して書くこと。これらを意識づけると、仕事の効率も質も大きく変わってくるのです。

これで時間短縮！頻出単語をラクに書く小ワザとは？

大事なことなのでくり返しますが、打ち合わせでは、発言のすべてをノートに書きとる必要はありません。

ただ、「ゴール」に関係する「キーワード」だけをしっかり書きとっていくには、やはり、書くスピードが速いに越したことはないでしょう。

そこでひとつ、コツを紹介します。

それは、**「頻出単語は記号化すること」**です。

成田空港には「NRT」、関西国際空港には「KIX」という略称があります。

同様に、**打ち合わせによく出てくる言葉は記号化して用意しておく**のです。

よく使われる記号に、ミーティングは「ＭＴＧ」、「なるべく早く」は「ＡＳＡＰ（As Soon As Possible の略）、「その日いっぱい」は「ＥＯＤ（End Of the Date の略）などがあります。その他、オリジナルのアルファベット略を決めておくのもいいでしょう。

国会などで取材している速記者も、「速記記号」という特殊な記号を使っています。それはアルファベットとは全く違うものですが、書きとりの効率化には、言葉の記号化が欠かせないことを示す一例といえるでしょう。

ほかにも、記号化は、匿名性の高い情報を書きとるときにも有効です。私などども、とくに「執事」という仕事柄、打ち合わせ内容が極秘であることも多く、よく会社名や個人名をアルファベット略で書き留めています。たとえば、「文響社」なら「ＢＫＳ」、「岡田さん」なら「Ｍｒ．ＯＫＤ」という具合です。ちょっとしたことですが、大事な情報を他者に知られずに済むリスクヘッジになります。

図5　よく使う用語は記号化すると時間短縮になる！

用語	記号
なるべく早く	ASAP(As soon as possible)
その日じゅうに	END(End Of the Date)
ミーティング	MTG(meeting)
エビデンス	EV(evidense)
直帰	NR(NoReturn)
研修活動	OJT(On the Job Training)
オリエン	OR(orientation)
企業間取引	B2B(Business to Business)
企業対消費者間取引	B2C(Business to Customer)
参照	cf(confer)
参考	FYI(For Your Information)
たとえば	ex(example)
到着予定時刻	ETA(Estimated Time of Arrival)
処理中、進行中	WIP(Work In Progress)
過去1年間	YoY(Year on＜over＞ Year)
対前年比	YTD(Year To Date)
対前月比	MoM(Month on＜over＞ Month)
後日発表	TBA(To Be Announced＜Advised＞)
未定、要決定	TBD(To Be Determined＜Decided＞)
リマインド	RM(remind)

打ち合わせ後のアクションがたった1分でわかる「赤ペン」法

私が実践している「ノート術」では、使う道具もシンプルです。

打ち合わせ中は「黒ペン」でノートをとり、打ち合わせ後は、「赤ペン」を使って要点を整理していきます。

では、具体的にはどのように使うのでしょうか。

まず、打ち合わせでゴールに関係しそうな単語を書き終えたら、黒ペンから赤ペンに持ち替えます。そして、色々と書き出した単語の中から要点だと思われるものだけに○をつけていきます。

「要点だと思われるもの」とは、次のアクションに関係する記述です。

先に挙げた例で申し上げると、「執事に求めるスキル」「業務実施日時・曜日、契約期間」に関わることです。

この基準に従って赤ペンで囲った言葉をつないでいくと、少しずつ要点が導き出されていきます。

打ち合わせ中に、「ゴールに関係する」という基準で書き出した言葉の中でも、とくに「次のアクション」につながる**重要な言葉を足し算して導き出されるのが、その打ち合わせの「要点」**というわけです。

要点がわかると、次に自分がとるべきアクションも見えてきます。

こうして、ひとつの打ち合わせが、確実に自分の仕事につながる有意義なものとなります。すべての打ち合わせにこのスキルを用いれば、「打ち合わせのせいで時間を浪費した」なんてことは、もう起こりません。

赤ペンを使って「要点」を導き出す

では、実際に赤ペンを使って要点を導き出すプロセスは、どのようなものなのでしょうか。

以下は、前項で挙げた例の続きです。打ち合わせ中に書きとった単語から、要点を導き出してみましょう。

- 今いる執事が1月末で退職
- 12月末までに人材手配希望
- 急な依頼でも対応希望
- 社長のスケジュール管理希望
- 社長のご家族のサポートも希望
- 金額は半年契約で月額200万円以内希望

これらのキーワードの中で「次のアクション」に直結するものを赤ペンで囲んでみると、「12月末までに、社長のスケジュール管理経験があり、業務外の要望にも応えられる、半年２００万円以内の執事を手配する」――こんなポイントが見えてきます。

ここまでに使うのは黒ペンと赤ペンだけ。多色ボールペンも、ふせんもシールも必要ありません。

中には、多色ボールペンを使ったほうが彩り鮮やかで見栄えがすると感じる人もいらっしゃるかと思います。ふせんやシールを使うと気分が上がるという人もいらっしゃるでしょう。

ただし、本書でご紹介するノート術は、「仕事を素早く、かつ的確にこなし、成果と信頼関係を生む」ために、「要点をつかみ、本質をとらえるノート」をとろう、というもの。

目指したいのは、「あとから見返してうっとりするようなノート」ではなく、

「打ち合わせの内容がしっかり整理され、重要なことだけがはっきりわかるノート」をとることです。

そのために、使う道具は最低限に絞ることをおすすめします。

打ち合わせ中は黒ペンで書きとり、中でも要点と思われる重要なことには赤ペンで印をつけるという、見た目のメリハリが重要だからです。

私自身、経験があるのですが、多色のボールペンを使うと、赤ペンで書いたことが埋もれ、結局、何が重要なのかがわかりづらくなってしまいます。いろんな色が入り混じっているため、頭の中も混乱してしまうでしょう。

黒ペンと赤ペンの２色しか使わないのは、つまり**「重要か、重要でないか」というシンプルな色分けによって、打ち合わせ内容を素早く整理できるよう、頭の中を整えるため**なのです。

「赤ペン先生」が生み出す絶大な効果

ところで、なぜ打ち合わせ後に赤ペンを使うのだと思いますか。

それは、記憶に残りやすくするためです。

みなさんが学生のとき、テストの採点には「赤ペン」が使われていたと思います。なじみがあるぶん、**赤という色は無意識に「正しい」という印象を与え、記憶にも残りやすい色**といえます。

これが、青でもピンクでもなく「赤」にこだわる理由です。

たとえば打ち合わせ後に、同席者の間で要点を確認し、共有するときにも、結論を「赤」で記せば、それが「正しい要点」として全員の頭にインプットされます。

つまり赤ペンを使い、要点をみなと共有することで、あとあと認識の相違が発覚してトラブルになる、といった事態を防げるのです。

この効果は、なかなかあなどれません。たとえ同じ場に居合わせ、同じ話を聞いていたとしても、頭の中で考えていることは、意外と違ったりするものだからです。

極端なことを申し上げれば、「A」「B」「C」「D」という4つの意見が出て、話し合った結果、明らかに「C」という結論になったのに、中には「D」だと思っている人がいるケースもありうるのです。

そこで、ダメ押しのようでも、皆の前で**赤ペンを使って「C」に丸をつけることで、同席者全員の認識を統一できます**。認識違いがなくなるので、ミスなく効率よく仕事を進められるようになります。

自分のためにも、同席者のためにも、赤ペンを使うことが、仕事の質も効率もアップさせるというわけです。

図6　「赤」で要点を明確にする

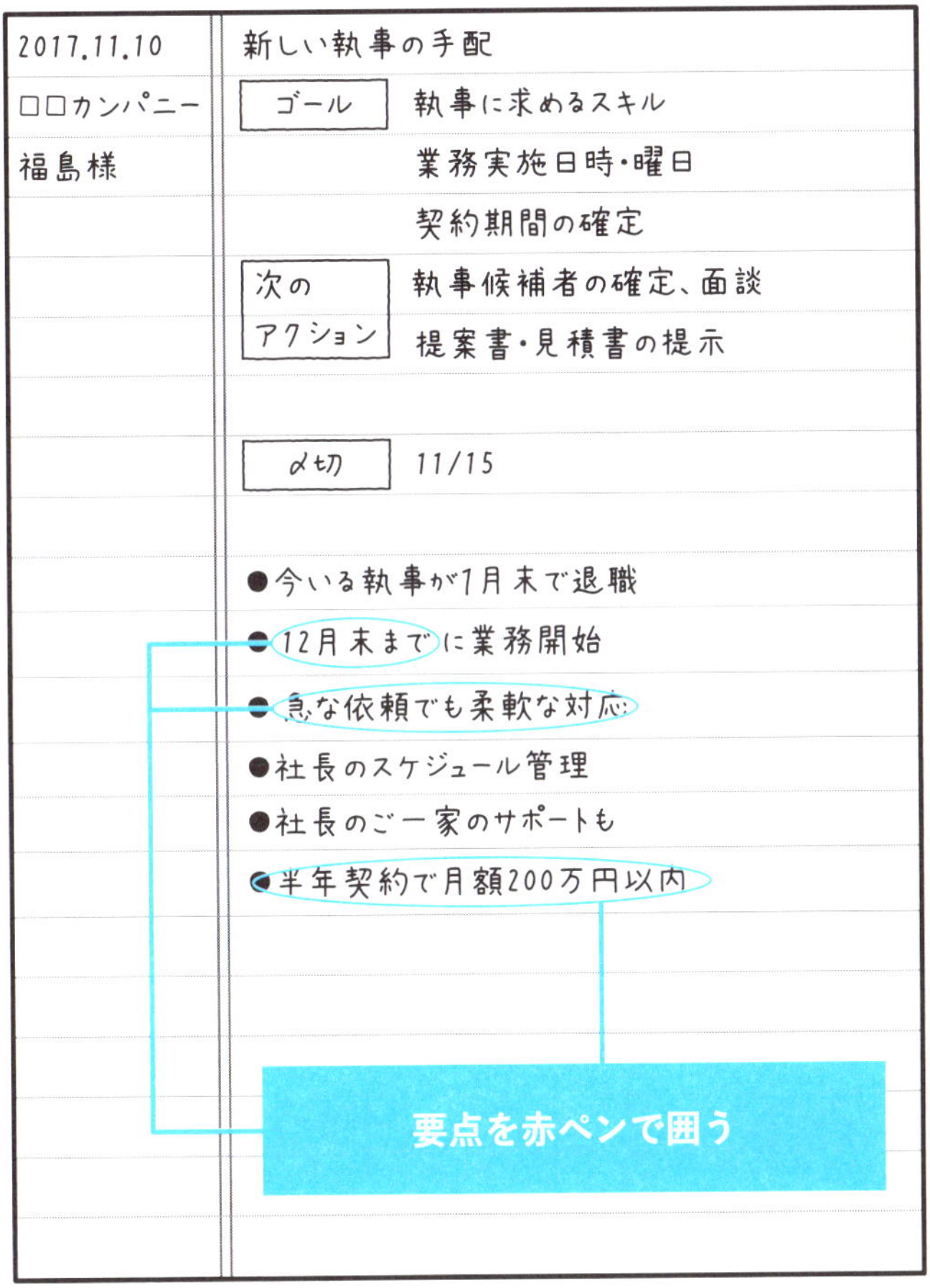
2017.11.10
□□カンパニー
福島様
新しい執事の手配
ゴール
執事に求めるスキル
業務実施日時・曜日
契約期間の確定
次のアクション
執事候補者の確定、面談
提案書・見積書の提示
〆切
11/15
●今いる執事が1月末で退職
●12月末までに業務開始
●急な依頼でも柔軟な対応
●社長のスケジュール管理
●社長のご一家のサポートも
●半年契約で月額200万円以内
要点を赤ペンで囲う

ミス・残業を最小限に抑える「台本」はこうやって作り、成し遂げる

先ほど、赤ペンを使って要点を導き出す方法をお伝えしましたが、要点を導き出したあと、仕事を確実に進めるために、もう一歩踏み込んで試していただきたい方法があります。

それは、**「カレンダーアプリ」と「リマインダーアプリ」に、これからすべきことを入力する**ということです。

まず「次のアクション」の「締め切り」を守れるよう、その仕事をする作業日を決めて「カレンダー」に入力します（詳しくは、第4章のアプリ術でご紹介します）。

さらに、そのアクションを細分化し、「ＴＯＤＯ」を洗い出します。

ＴＯＤＯとは、「すべきこと」という意味ですが、ここでは、**ひとつの仕事を完遂するために、「事前にしておくべきこと」を指します。**

たいていの仕事には下準備が必要かと思います。

たとえば、「あるプロジェクトの企画書を作る」という仕事には、市場の動向を調べたり、顧客データを集めたりといった事前リサーチが必要です。

このように、ひとつの仕事に必要な下準備を洗い出すというのが、仕事を細分化してＴＯＤＯを洗い出すということです。

そんなＴＯＤＯの洗い出しができたら、すかさず「リマインダー」に入れ、しかるべきタイミングで「通知」が出るように設定します。

「リマインダー」とは、スマホで使えるアプリです。

月末に企画書を作る予定なら、「資料を集める」というＴＯＤＯは、たとえば月末の１週間前に通知が出るように設定します。

まずリマインダーアプリを開き、新規の欄に「企画書の資料を集める」と入れます。そしてオプション設定のところで、月末の1週間前に通知が出るように設定します。

すると後日、まさに月末の1週間前に、「企画書の資料を集める」とスマホ画面に表示されます。要するに、スマホが秘書のごとく「今日は、何々をする日ですよ」と思い出させてくれるのです。

さらに、企画書の作成に必要なTODO――たとえば、ポイントを明確化するために「ネットで類似ハウツーを検索」「参考資料を買う」といったことは「リマインダー」に入れ、作業日に先駆けて「通知」が出るように設定します。

これらのTODOを、企画書を作成する日時の前に済ませておけば、準備万端。スムーズに企画書作成に入れるというわけです。

こうしたスムーズな仕事を可能にするために、**打ち合わせが終わったあと、赤ペンで結論を導き出したら、「次のアクション」を終わらせる日と時間帯をカレンダーに入れ、その仕事に必要な「TODO」をリマインダーに入力するようにします。**

また、企画書の作成など、ある程度まとまった作業時間を確保する必要がある場合も、TODOをリマインダーだけでなく、自分のカレンダーにも入力します。

そしてノートの末尾に「□カレンダー　□リマインダー」と2つ、チェックボックスを設け、チェックを入れます。チェックボックスが多すぎると面倒ですが、2つだけなら苦にならないでしょう。

これで、打ち合わせのノートの完成です。

無駄な労力は極力省くのが執事流

打ち合わせ後に、赤ペンで結論を導き出したら、次の仕事内容をカレンダーとリマインダーに入れる。これらをしめて5分程度と見ておけば十分です。

ここまでを打ち合わせのあと――帰りの道中でも、会社に戻ってからでもいいので、その日のうちに必ず済ませることが重要です。

ノートにいくら的確に要点を書きとっていても、時間が経てば経つほど記憶が薄れ、記憶が薄れれば薄れるほど打ち合わせの本質が見えづらくなり、そして仕事の効率も質も下がりやすくなってしまいます。

記憶がフレッシュなうちに要点を導き出し、なすべき仕事、その下準備となるTODOを洗い出し、アプリへの入力まで済ませてしまいましょう。

だから、ノートに書いたことを忘れたほうが効率は上がる

プロローグで、ノートに書いた内容はいったん忘れてしまったほうがいいと申し上げました。今、お話ししたようにアプリを活用すれば、いったん忘れてしまっても、仕事の効率も質も下がりません。

打ち合わせ前には、「ゴール」「次のアクション」「締め切り」を設定しておき、打ち合わせ中には「ゴール」に関係するキーワードだけを書きとる。

そして打ち合わせ後、ノートをとりっぱなしにしておくのではなく、情報を

図7　打ち合わせ後、効率よく仕事を進める方法

STEP 1　**赤ペンを使って要点を導き出す**

- このあとやるべき仕事を箇条書きにする
- それぞれにチェックボックスをつける

↓

STEP 2　**新たに発生した仕事の締め切りをカレンダーアプリに入力**

- 締め切りを自ら設定し、主体的に仕事を進める

↓

STEP 3　**その仕事に必要なTODOを洗い出す**

- やるべき仕事が「企画書を作成する」なら、「市場の動向を調べる」「顧客データを集める」など
- このとき、想像以上に時間がかかりそうと判断したら、STEP2で設定した締め切りを調整する

↓

STEP 4　**TODOをリマインダーに入力する**

- しかるべきタイミングで通知が出るように設定（月末30日が締め切りなら、1週間前の23日12:00に通知が出るようにするなど）
- まとまった時間が必要な作業については、カレンダーに入力し、その時間を確保しておく

↓

STEP 5　**1〜4が終わったら、1でノートに書いたチェックボックスにチェックを入れる**

整理してポイントを洗い出す。「締め切り」に間に合うように「次のアクション」を行なう日時を決めてカレンダーに入力する。その準備などに必要なTODOをリマインダーに入れ、通知が出るように設定する。ここまでしておけば、**リマインダーの通知どおりにTODOをこなすことで、締め切り前に余裕をもって下準備を終えることができます**。

したがって、締め切りの直前になってはじめて「しまった！　あの件、明日、提出なのに、全然準備してない！」とあわてたり、別の案件の作業とバッティングして期日を破ってしまったりせずに済みます。

また、リマインダーに入力するTODOは仕事の下準備ですから、「そろそろ、あの件にとりかかろう。えーっと……、で、何からとりかかればいいんだっけ？」という「仕事迷子」に陥ることもなくなるでしょう。

リマインダーの通知によって、すべての仕事を効率的に、質を高く仕上げることができるというわけです。

溜まった手書きノートを検索可能にするDropboxの使い方

ここまでの話でもおわかりのように、打ち合わせのノートは、「手書き」が基本です。ただ、こうしたアナログ方式だと、当然、「紙」が蓄積していきますし、前に書いた内容を探すのもひと苦労です。

ここでは「デジタル」の力を借りましょう。**打ち合わせのノートをスキャンして、Dropboxなどのクラウドサービスに入れておく**のです。

デジタル化しておくと、あとから簡単にノートの内容も検索できるため、ファイルに保管するより、ずっと効率的です。

中には、「スキャンするのが面倒……」と感じる人がいらっしゃるかもしれません。

でも、「打ち合わせごとにスキャンする」ではなく「月に1回、スキャンする」という形なら、無理なくできるのではないでしょうか。

経験上、月1回程度なら、面倒にならずに続けられます。

私の場合、月に20〜30枚、打ち合わせのノートが溜まります。

ノートは、のちほどご紹介するノートパッドホルダーのポケットに入れておきます。ポケットがややパンパンになってきて「見た目がちょっとカッコ悪くなってきたかな」というときが、スキャンのタイミング。私の場合、それがだいたい月に1回くらいの頻度なのです。

ですから、たとえば「毎月15日はスキャンの日」などと決めて、スキャンの時間を設けるといいでしょう。

先ほどお伝えしたように、ノートは「1件の打ち合わせあたり1枚」が基本です。

したがって、仮に月30件の打ち合わせがあったとしても、ノートの量は30枚ほど。これをスキャンするのにかかる時間は、保存する時間も含めて、せいぜい5分程度です。これもリマインダーに入力しておけば、それほど面倒には感じないでしょう。

保存名は「年月」でシンプルに

ノートのスキャンを、なるべく面倒なく、5分程度で済ませるには、スキャンの仕方と保存の仕方にコツがあります。

まず、溜まったノートは「1件ずつ」ではなく、「全件を一括スキャンする」こと。これで、かなりの時間短縮になります。そして「打ち合わせ年月」をファイル名にして、「年別」のフォルダに保存します。

2017年11月にとったノートであれば、フォルダの保存名は「201711」とします。

もちろん、1件ずつスキャンし、プロジェクト名や打ち合わせ相手の名前などでファイル名をつけてもいいのですが、よほどマメな人でなければ、かなり面倒に感じるでしょう。

それに、おそらくノートの9割は、あとから振り返りません。残り1割の可能性のために、一つひとつスキャンし、ファイル名をつけて保存する手間をかけるというのは「時間の費用対効果」が悪すぎる、ともいえます。

つまり、ノートは一括スキャンし、機械的に「年月」だけでファイル名をつけるというのも、効率化の一手段なのです。とくに私と同じズボラな人には、「一括スキャン↓年月をファイル名にして保存」をおすすめします。

ちなみに、スキャンしたノートそのものは、いったん封筒などにまとめて一時保管しますが、2〜3ヶ月が経ったら処分してしまいます。

先ほども申し上げたように、1度の打ち合わせあたり1ページを基本とすれば、1ヶ月分のノートの枚数など、知れています。仮に30件分が保存されていたとして、分量的には30枚程度ですから、スクロールして目的のノートを探すのに大して時間もかかりませんし、苦にならないと思います。

保存先がDropboxなら、パソコンを持ち歩いていなくても、Dropboxのアプリでスマホから見ることもできます。

このように**ノートをデジタル保存しておくと、ごちゃごちゃとファイルを溜め込まずに済み、なおかつ「万が一、あとで必要になっても、いつでも、どこでも探せる」という安心感があります**。

私も実際に、過去のノートが、別の案件で非常に役立った経験があります。

OCR機能つきスキャナーなら、「手書き文字」でも検索可能

会社員であれば、会社のコピー機を使って一括スキャンができるでしょう。

自宅でスキャンをする場合、スキャナーを買う必要がありますが、場所をとらない、高品質なスキャナーが発売されています。価格も1万円弱〜数万円と、比較的安価になってきていると思います。

中でもおすすめは、「ＯＣＲソフト」つきのスキャナーです。

なんと今のＯＣＲソフトは「手書き文字」も認識できるため、「年月」だけでなく、打ち合わせ内容のキーワード検索でもノートを探すことができます。

私が使っている「スキャンスナップ」（富士通）にも、ＯＣＲソフトが付属しています。

ぜひ、自分の使い勝手のよさそうなスキャナーを探してみてください。

「スキャナーを置く場所をとりたくない」という人は、スマホのアプリでもスキャンはできます。Dropboxであればそのままファイルとしてクラウド上に保存できますし、「カムスキャナ」というアプリもおすすめです。Dropboxと連携しているので、スキャンしたデータは、そのままフォルダに入れて保存することができます。

図8　ノートの整理方法

STEP 1　ノートをとる

- 1回の打ち合わせにつき1枚が理想
- 事前に3行だけ書いておく（ゴール、次のアクション、締め切り）※46ページ参照

STEP 2　保管する

- ホルダー内のポケットやファイルに一時保管

※月ごとにまとめておくとあとでラク

STEP 3　整理する

- 月1回、整理する日を決め、ノートを取捨選択する
- 面倒であれば、まとめてデータ化する

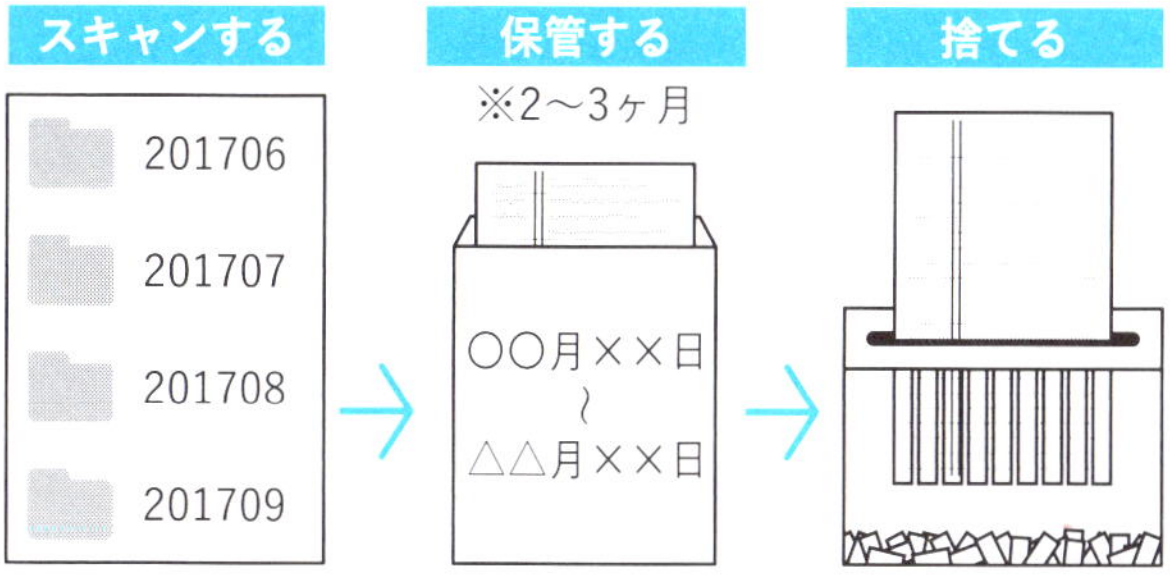

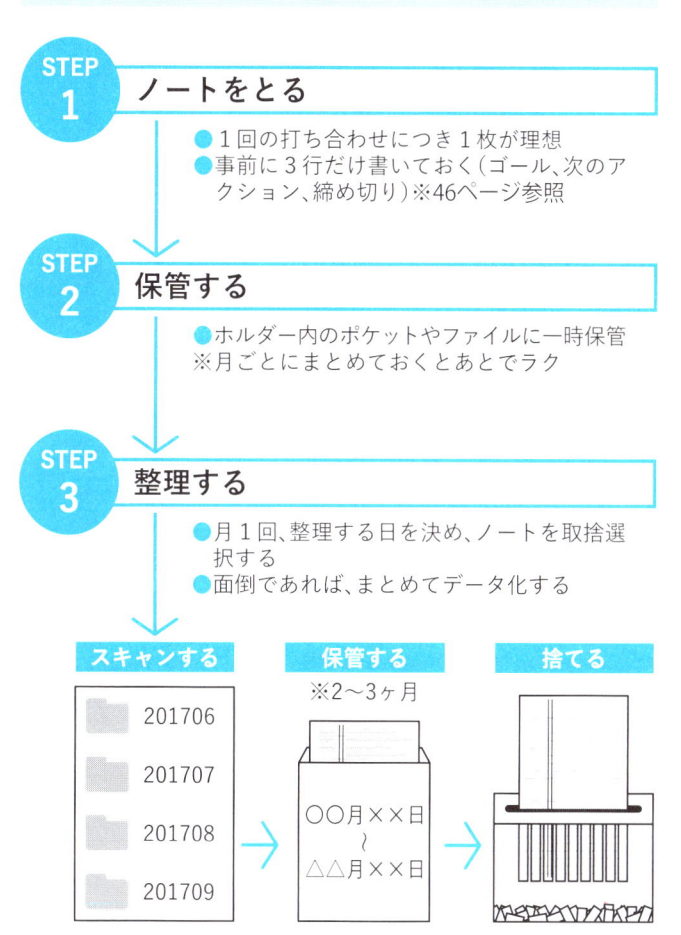

新人でもたちまち一流に格が上がる執事のノートの選び方

ここまで、ノートのとり方やコツについてお話ししてきました。

では実際に、どんなノートを使ったらいいでしょうか。

先ほどご紹介したように、ノートは最終的に「一括スキャン」することをおすすめします。そういう点でも通常のノートより、1枚ずつ切りとれる「ノートパッド」のほうが断然、使いやすいという結論になります。

サイズも、一括スキャンに適したものを選ぶとあとで便利です。

A4サイズならビジネスシーンでも一般的で、使い勝手がいいと思います。

A4よりひと回り小さいB5サイズ、あるいはA4サイズを半分にしたA5サイズでも、一括スキャンできます。

ちなみに私は、「リーガルパッド」を使っています。

リーガルパッドとは、もともとはアメリカの弁護士などの法曹関係者が、記録をとる際などに使っていたとされています。サイズは日本のＡ４に近く、コピーしたりスキャンしたりする際にも問題ありません（上部にやや空白ができるくらいで、ちゃんと全体をスキャンできます）。

なぜ、あえてリーガルパッドを使っているかというと、ポイントは「色」です。リーガルパッドは1枚1枚の紙が「黄色」なので、他の白い書類に紛れるのを防げるのです。

また一説によれば、**「黄色」には脳を活性化させ、アイデアが出やすい、記憶に残りやすい、といった効果がある**そうです。「黄色い紙に書いている」というだけで、打ち合わせ相手の記憶に残りやすい、というメリットも感じています。

使いやすいサイズや色は人それぞれだと思いますが、あとでスキャンすることを念頭において選べば、間違いありません。色が気になる人は、いっそリーガルパッドではなく、A4のコピー用紙をノート代わりに使ってもいいと思います。

さらに、ノートパッドはホルダーに収納して使うと、さらに利便性が高まります。

ノートパッドホルダーにはたいてい、ポケットがついています。とったノートはどんどんポケットに入れていき、ある程度溜まってきたら、一括スキャンしてクラウド上に保存しておきます。そうすれば、ノートをなくす心配も、いちいちノートをファイリングする手間もなくなります（保存方法は前項でお伝えした通りです）。

ノートパッドホルダーには、ノートパッドを差し込んで使うタイプの他、上部にクリップがついたタイプもあります。コピー用紙をノートとして使う人は、このクリップタイプを使うといいでしょう。

図９　切り取って使える！　便利なノートパッド

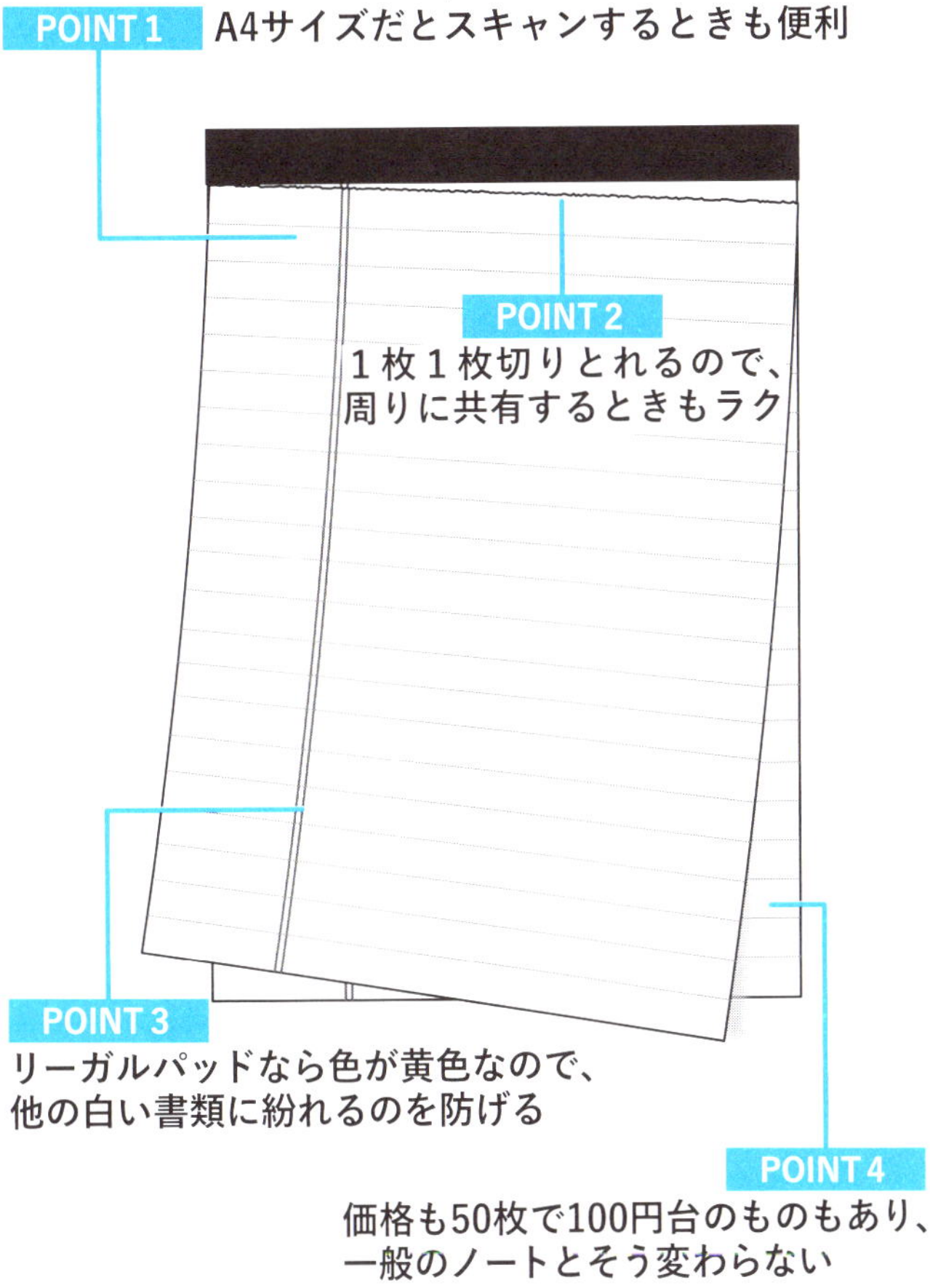
POINT 1
A4サイズだとスキャンするときも便利
POINT 2
１枚１枚切りとれるので、
周りに共有するときもラク
POINT 3
リーガルパッドなら色が黄色なので、
他の白い書類に紛れるのを防げる
POINT 4
価格も50枚で100円台のものもあり、
一般のノートとそう変わらない

しっかりした「ホルダー」で、見た目の印象もアップ

ビジネスシーンでは、**見た目をきちんとすることが、一緒に仕事をする人に****対する礼儀です。**身なりはもちろんですが、使う道具の見た目にも気を配りたいものです。そういうところが、意外と人の目につくのです。ですから、ノートパッドホルダーも、きちんとした見た目のものを選ぶことをおすすめします。色は、男性なら黒か茶色が無難です。女性なら、ベージュや濃いめの赤などもいいでしょう。本革製であれば理想的ですが、より安価な合皮製でも、きちんとした雰囲気を出すには十分です。

また、ホルダーには、たいてい、ペン差しがついています。

せっかく、見た目のよいホルダーを使うのですから、そのホルダーのペン差しにも、それ相応のボールペンを差しておきたいものです。

それも黒と赤の色の切り替えができるタイプなら、1本で打ち合わせ前、打ち合わせ中、打ち合わせ後のすべてが事足ります。

図10　色々なノートの種類

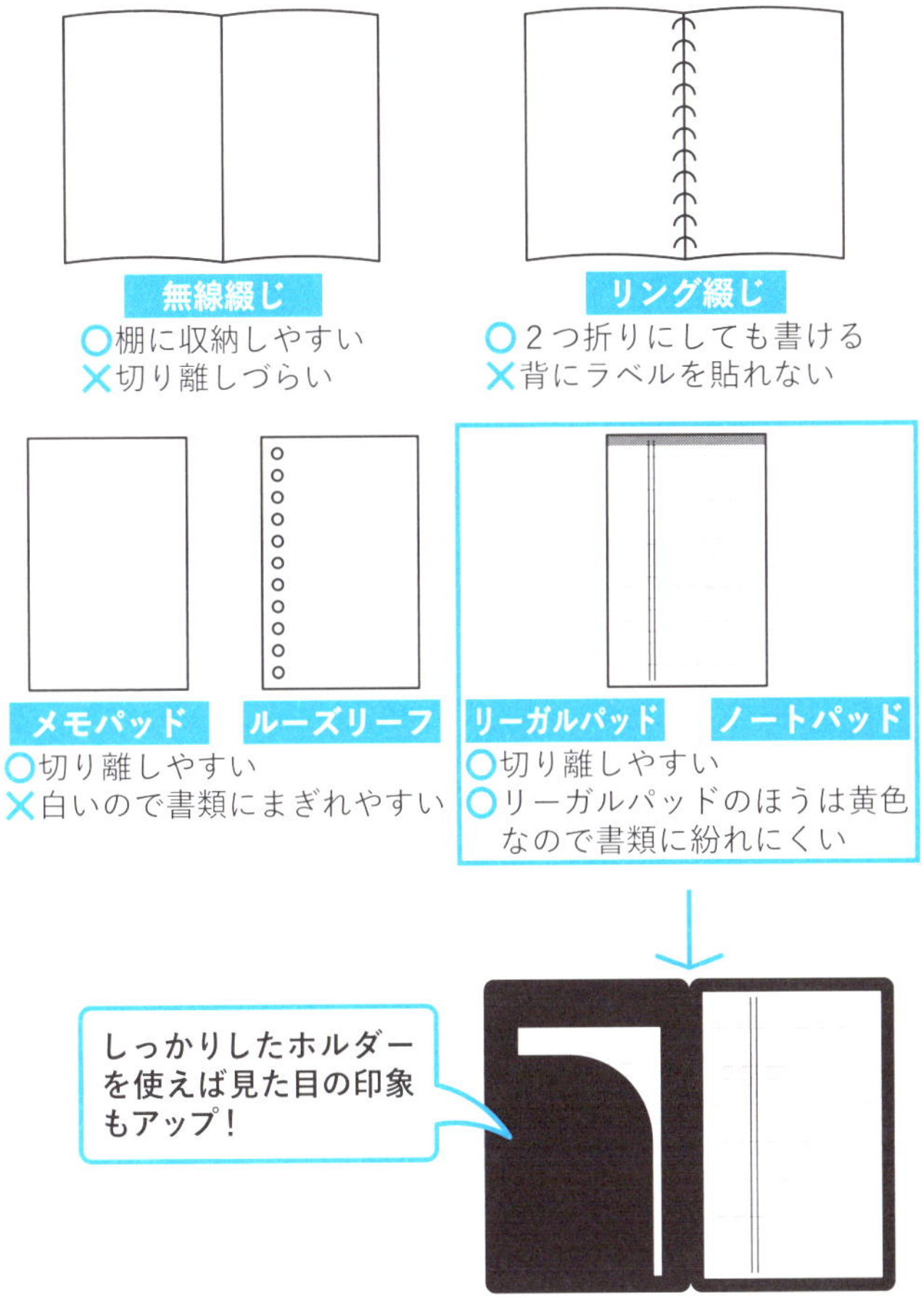
無線綴じ
○棚に収納しやすい
×切り離しづらい
リング綴じ
○２つ折りにしても書ける
×背にラベルを貼れない
メモパッド
ルーズリーフ
○切り離しやすい
×白いので書類にまぎれやすい
リーガルパッド
ノートパッド
○切り離しやすい
○リーガルパッドのほうは黄色なので書類に紛れにくい
しっかりしたホルダーを使えば見た目の印象もアップ！

あるVIPがタガログ語で書いていた秘密のノート

あるとき、執事を務めさせていただいたVIPが、母国語ではない言語を使ってノートに書いておられました。なぜあえてふだん使わない言語で書いているのかとお尋ねすると、「そう簡単に、他人に内容を知られないようにするためだ」とおっしゃっていました。のちほど第2章でもご紹介しますが、VIPになればなるほど、個人情報に敏感なものです。特にノートは、外部に漏れてほしくない内容も意外と多いもの。万が一落としてしまったときのことを考えて、あえて母国語ではない言語を使っておられたのでしょう。

ちなみに、そのVIPが手帳に書いておられた言語は、タガログ語。フィリピンの公用語です。場所にもよりますが、これならたしかに、すぐに解読するのは難しそうですね。

column

第2章

どんな人とでも
信頼関係を築ける
「1ランク上の」
ノート術

腹心のパートナーになるための「うなずき温泉」の法則

ここまで、ノートをとりながらやるべきことを着実に行ない、信頼をつかむ方法をお伝えしてきました。ですが、そもそも相手が話をしてくれなければ、ノートに書きとることもできません。そこでここからは、**より相手との距離を近づけ、信頼関係を築くためのちょっとしたコツ**についてご紹介したいと思います。

パソコンでノートをとると、相手からはパソコン画面が見えないため、心証を損なう可能性があると第1章でお話ししました。同じように、手書きでも、相手から見えない「こっそりノート」をとるのは得策ではありません。「何を書いているんだろう」という小さな不信感が生じることで、相手の口が重くなり、有意義な打ち合わせができなくなる場合もあるからです。

一方、ノートは使い方次第で、打ち合わせの場を盛り上げ、相手との信頼関係を築くツールにもなります。

自分の話したことを熱心に書き留めている相手の姿を見て、気分を害す人はいません。

「なるほど」などと相づちを打ちながらノートをとると、相手は気分が乗り、さらに話しやすくなります。名付けて**「うなずき温泉」**――温泉に入っているかのように気分がリラックスし、饒舌《じょうぜつ》になるのです。

結果、より多くのキーワードを引き出すことができ、より的確に相手の要望や意図を聞き出すことができます。こうして、いっそう濃密で有意義な打ち合わせとなるでしょう。

その「うなずき温泉」方式のノートを「こっそり」とるのではなく、**相手と**

共有するような姿勢でとると、より効果的です。

突然ですが、保険加入の勧誘を受けたことはありますか？

保険のプランはだいたいパンフレットに書いてあるものですが、保険外交員は、たいてい、白い紙にグラフなどを書きながら、「○○さんのケースですと、この年齢で……」などと説明します。

パンフレットを見せればいいところを、わざわざ手書きで示してみせるのは、そうしたほうが、相手に親近感や信頼感を抱いてもらいやすいからでしょう。一方的に勧誘を受けただけなのに、一緒になって考えたかのような錯覚に陥るのです。

これと同じメカニズムで、**ノートも、できるだけオープンにし、書きとった内容を相手と共有することで、親近感や信頼感につなげることができます。**

「なるほど、そういうことなんですね」などと言いながら、相手にも見えるようにキーワードを書きとる。その場で相手と意思の疎通を図りながら、ノートをとっていくというわけです。

打ち合わせのポイントを共有するとミス&トラブル防止にもなる

打ち合わせを通じて相手の信頼を勝ち取るには、第1章でご紹介した、**打ち合わせ後に要点を導き出す作業を、相手の目の前で行なうのも効果的**です。

だいたいキーワードが出尽くし、打ち合わせも終盤に差しかかったら、おもむろに赤ペンに切り替えます。

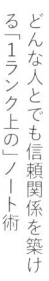

そして「少しまとめさせていただきますと、この点とこの点を重視し、こういう点も考慮すれば、こういうことになりますでしょうか」などと言いながら、ノートに赤ペンで書き込んでいくのです。

そこまでする時間がない場合でも、その日のうちに、打ち合わせの要点をメールで相手に送れば、同等の効果があります。

件名は「本日の打ち合わせの件」などとして、メール本文には、自分のとったノートを参照しながら、打ち合わせの要点を箇条書きにするといいでしょう。

あるいは、赤ペンを使って要点を導き出したノートをスキャンし、メールに添付して相手に送るというのもひとつの方法です。

いずれの方法でも、**「共有する」というオープン性が、相手との信頼関係につながります。導き出した要点を共有することで、相手にとっても頭の整理となり、後日、食い違いが生じるといったトラブルも防げるでしょう。**

このやり方は、職場内でも使える方法です。いきなりお客様に試すにはハードルが高いという人は、一度職場で試していただきたいと思います。

「自分から提案できる」が求められる人材の条件

打ち合わせの要点を共有することは、相手との共通認識を持つきっかけにな

図11　相手と打ち合わせのポイントを共有する

方法1　相手の目の前でポイントを導き出す

自分のとったノートに赤ペンでポイントを書き込んでいく

方法2　打ち合わせのポイントをメールで送る

ノートを参照しながら、打ち合わせの要点を箇条書きにして送る

方法3　打ち合わせで見せたノートをスキャンして送る

要点を導き出したノートをそのままスキャンしてメールに添付して送る

↓

ノートを共有することで、食い違いを防げるようになり、信頼関係を築けるようになる！

ります。**自分が導き出した要点を、相手が確認し了承することによって、共通認識ができ、同じ目線で物事を考えられるようになるのです。**

ビジネスでは、「発注する側が上」「受注する側が下」という上下関係が発生しがちですが、そうではなく、対等に話し合うことができます。話を整理してポイントを共有するだけで、「こんなに私（たち）のことを考えてくれているのだな」という信頼感につながります。

私は、執事として多くのＶＩＰにお仕えしています。ご主人であるＶＩＰと、執事である私の関係性は、申し上げるまでもなく「主従関係」です。

それでも、お受けした仕事について「なるほど、こういうことですね」「こうしたほうが、よりよいのではないでしょうか」などと主体的に振る舞うことで、信頼を勝ち得ているように感じます。

「ノートをとる」という誰もが当たり前のようにやっていることでも、整理して共有し、主体的に取り組むことで、こうした信頼関係を築くことも可能なのです。

打ち合わせの場を盛り上げ、より多くのキーワードを引き出せる。そのうえ、後日のトラブルを防ぎ、「しっかり考えてくれているな」「この人に任せたいな」といった相手の信頼感を得ることもできる。

ノートをオープンにすることで、一石二鳥にも三鳥にもなるのです。

報告・共有が劇的にラクになる！「引き継ぎノート活用法」

一目見て要点がわかるノートは、そのまま渡して信頼関係を築くこともできます。

たとえば、打ち合わせには自分が行き、そこで生じた仕事を部下に任せる、といったケースも出てくるでしょう。

そんなときに、あらかじめ要点がスッキリまとまったノートがあれば、仕事を任せるための打ち合わせも効率よく進みます。慣れてくれば、そのノートを見せながら「こうで、こうで、こういうことだから、よろしく」と説明だけして引き継ぎを完了させるなど、労力をかけずに終わらせることができます。

図12　「使えるノート」は引き継ぎするときも役立つ

要点がまとまったノートだと……

仕事を部下や後輩に任せるとき
上司に報告するとき
お客様と打合せ内容を共有するとき

↓

すべてのシーンを
効率よく進めることができる！

　ノートを打ち合わせ相手や上司と共有するのも方法のひとつです。「あの打ち合わせ、どうだった？」などと上司から聞かれたら、自分の書いたノートを取り出して渡すのです。

　口頭で伝えるのももちろんよいのですが、みなさんがもし上司だとして、サッと整理された打ち合わせノートを取り出されると、よい印象を持つのではないでしょうか。上司から「できるな」と評価され、信頼にもつながります。

　私も、執事としてとったノートの

コピーを、ご主人に渡すことがよくあります。決して美しい筆跡ではありませんが、読めれば全く問題ありません。

どうしても手書きのまま渡すのは気が引ける……という場合でも、コンパクトにまとまったノートなら、要点を清書するのも、大した手間はかからないでしょう。

自分にとって使えるノートは、他人にとっても使えるノート。**仕事を任せる、上司に報告する、打ち合わせ内容を共有する――すべてが効率的にできる**のです。

隠れた要望まで効率よく聞き出す「なぜなぜノート術」

自分にも他人にも役立つノートにするには、打ち合わせで、必要事項を漏れなく——隠したり取り繕ったりせずに——話せるかにかかっています。そしてそれには、相手がどれだけ気分よく話してくれるかも、見過ごせないポイントです。**流れるように、かつ的確に話を聞き出すことができれば、成果と信頼関係に直結します。**

そのためのコツは、「**なぜなぜノート術**」です。

これは読んで字のごとく、常に「なぜ」を起点として話を聞き出していくということ。単純ですが、効果的に相手の話の本質をとらえる方法です。

「わがままなお客」を満足させられる店員は、何をする？

少し突飛な例かもしれませんが、ふぐ料理専門店で、お客様が、「何でこの店にはハンバーグがないのよ！」と、店員に理不尽なクレームをつけたとしましょう。

ふぐ料理店でハンバーグを注文するほうが、本来おかしいのですから、「できません」で終わらせても、誰も責めません。ただ、できる店員なら、そこで「なぜハンバーグなのですか」と、ひと言尋ねるでしょう。

そこで、「子どもがお腹を空かせているんだよ」といった事情がわかれば、対処の道が開けます。

「お子様でも召し上がれるものを、ということですね」と確認したうえで、「では、ふぐのから揚げなどは、いかがでしょうか」「では、コースのてっちりのあとの雑炊を、先に少しお作りしましょうか」といった提案ができるのです。

お客様からすれば、自分の意図がしっかり伝わり、満足いく対応をしてもらったことで、その店員をずっと忘れないでしょう。店のことも今後、贔屓《ひいき》にしてくれるに違いありません。

打ち合わせでも、単に相手の要望を「はい、はい」と聞いているだけでは、本当にお互い満足のいく成果は出せないかもしれません。

こちらから「なぜ」「なぜ」と質問する姿勢を見せましょう。そうすると、**より深く相手の事情を知り、話の本質を理解していくことができます**。すると打ち合わせ後に行なう提案が、よりいっそう相手の立場に立ったものになるはずです。

本質を理解しないまま仕事をするのが一番危ない

中には、理由を問うことを躊躇してしまう人がいらっしゃるかもしれません。

「『話のわからない人』『面倒な人』という印象を抱かれるのではないか……」

そんな不安も、よくわかります。

しかし、**聞いたままのことを調子よく引き受けて、話の本質を理解しないまま仕事にとりかかるほうが、ずっとリスキー**です。

先方から提示された条件が難しそうな場合は、なおのことです。

話の本質を理解すれば、最初の依頼どおりでなくても、相手に満足してもらえる別の道があるかもしれません。

それなのに、相手の要望を無理に実現しようとして、結局、実現できなければ、それこそ「できない人」という烙印《らくいん》を押されてしまうでしょう。

まじめな人ほど、ありがちなことなので要注意です。

そうした事態を避けるためにも、「なぜなぜノート術」は効果的なのです。

上司から仕事の指示を受けた場合も、全く同様です。

指示の意図がわからないときには、「なぜ」と聞いて、指示を本質的に理解するように努めること。さらには、指示の内容を確認することが重要です。

自分が理解していないところが判明するのは、けっして悪いことではありません。

それよりも、ふたつ返事で引き受け、仕事を済ませたと思ったところで「こういうことではなかった」と指摘されるほうが、はるかに問題です。

「はじめに」でも申し上げたように、執事は非常にシビアな仕事です。小さな指示のひとつが、じつはご主人にとってはとても重要な意味のあること、ということもありますし、ほんのひとつミスしただけでも、多額の契約が解消になることがありえます。

ですから私も、ご主人の依頼の意図がわからないときには、恐れず「なぜですか」と、尋ねるようにしています。

指示の意図と理由を確認することにより、本質を理解でき、後々のミスやトラブルを防ぐことにつながります。またお客様の立場を理解することができるため、結果として**相手の信頼感を得ることになる**のです。

ノートには、書いていいことと悪いことがある

打ち合わせには、雑談がつきものです。

そこでお互いに気持ちをほぐすことを「アイスブレーク」と呼びます。直訳すれば「氷を壊す（溶かす）」――日本語でも「場を温める」というように、最初に少し雑談をすることで、よりスムーズに打ち合わせに入ることができます。

そんなアイスブレークの最中に、相手の個人的な情報や、趣味嗜好《しこう》が垣間見えることがあります。

好きな俳優や異性のタイプ、あるいは「とらやの羊羹《ようかん》に目がない」といった食べ物の好み、家族構成や生年月日、「奥さんがもうすぐ出産」「お子さんがもうすぐ小学校入学」といった私的な状況……。

中には、覚えておくと、相手との仕事を円滑に進めるうえで潤滑油になりうる情報もあると思います。

ただし私は、そうした**個人的な情報は、なるべくノートには書き留めないようにします**。何気なく明かした個人的な事柄を書き留められることを、好ましく思わない人もいるからです。

とくに地位の高い人たちは、個人情報の扱いには、敏感です。

彼らが気にするのは、**個人情報を「知られること」ではなく、「書き留められること」**。もちろん、打ち合わせノートは、公になることを前提にはしていませんから、書き留めておいても、相手に実害が及ぶ可能性は、ほぼないでしょう。

それでも、個人情報は、相手の目の前で書かないほうがよいでしょう。

たとえばみなさんが、ふとした雑談の中で、誕生日や家族構成、出身地について触れたとしましょう。それを相手がノートに書いているのがわかったら、何となく身構えてしまいませんか。

同様に、仕事以外の個人的な事柄を書きとったことが相手に伝わると、心証を損ないかねません。

「覚えておくといいな」と思った個人情報は、ひとまず心に留めておきます。忘れてしまいそうだったら、打ち合わせ後に、ノートにそっと追記するといいでしょう。

本当に信頼関係を築きたいのであれば、こうしたちょっとした気づかいも欠かせません。

ピンチなときほど助けてくれるノートのもうひとつの役割

ノートをとり、しっかりと重要なことを書き留めておくことは、じつは自分を守ることにもつながります。

「記憶」VS「ノート」の場合、勝つのは圧倒的にノートです。極端なことを申し上げれば、仮に**本当のことがわからない場合、書き留められた内容のほうが「事実」として認められる**のです。

自分の都合のいいように、事実を捻じ曲げてノートをとるという話ではありません。事実をしっかり書きとっておくことが、あとあと効力を発揮するケースもあるということです。

私にも「書き留めておくこと」の重要性を痛感した経験があります。

ノートはいざというときの「保険」になる

少し前に、事務所兼自宅の家を建て直したいというご主人のご要望を伺い、建設会社の担当者と打ち合わせをしたときのことです。そのご担当者の話では、今の家を取り壊す費用を100%、建設会社が負担するということでした。

それで、念のため契約書に目を通してみると、取り壊し費用については、いっさい書かれていません。

ご担当者は「大丈夫です」とおっしゃいますが、やはり明文化されていないと、ご主人も私も安心できません。渋るご担当者に「一応、書いておいてください」と迫り、取り壊し費用についても、ご担当者のノートに議事録として書いておいてもらい、そのコピーをもらっておきました。

そして後日、いよいよ取り壊す段となったところで、問題が起こりました。

建設会社のほうで社内稟議《りんぎ》が通らず、取り壊し費用を負担できなくなった、ということです。

たしかに、すでに締結した契約書には、取り壊し費用については書かれていませんでしたが、あらかじめもらっておいた議事録のコピーに、「取り壊し費用は建設会社の負担とする」と書いてあることを主張して、結局は支払ってもらうことができました。

このように、しっかりと重要事項を書き留めてもらったことで、ご主人に余剰分をご負担いただかずに済んだのです。

これ以外にも、事実をしっかり書き留めておいたために「助かったよ」と言っていただいたことも少なくありません。

「書き記されたもの」はいざというときの「保険」になるということも、頭のどこかに留めておいてください。

第3章

より豊かな未来を
引き寄せる
執事の「手帳術」

VIPになればなるほど手帳を予定管理には使わない

ここからは「第2のノート」として、仕事の質も効率も上げ、よりよい未来をつくる手帳の使い方を紹介してまいります。

みなさんは、手帳にふだん、何を書き込んでいらっしゃいますか。

多くの人は「予定を書き込んでいます」とお答えになると思います。

ところが**VIPになればなるほど、手帳に予定を書きません。そういう人にとって手帳は、目標を書くためのツール**なのです。

私自身も、手帳に目標を書き込むことの効果を実感しています。

毎日目標を目にするようになって時間のムダ遣いが減り、少しでも時間があるときには、将来に向けたアクションを起こせるようになりました。

それと比例するように会社の業績も徐々に上昇し、ここ数年、右肩上がりを続けています。

お付き合いのある経営者の中には、20年前から手帳に「東証1部上場」と書き続け、最近になってマザーズに上場した人もいらっしゃいます。手帳に記した目標に向かって、着々と進んでいるのです。

企業の営業部などでも、「目指せ売上1億円!」などと大きく書いて社内に貼っているところもあります。目からの刷り込み効果は、なかなかのものです。

余談ですが、今までお仕えしてきたＶＩＰの中には、尊敬する人や目標とする人の写真を手帳に入れている人も、多くいらっしゃいました。

当社の執事にも、ご主人の写真を手帳に入れている者がおります。

「毎日、この方の写真を見ていると、どんなことを望まれているかなどが、言われる前にわかるようになってきた気がする」とのことで、我が部下ながら感心したことを覚えています。

老舗の企業ではよく、自社ビルのエントランスに創業者の銅像が置いてあります。「創業者の精神を忘れず、発展していく」という意識を社員で共有するのに、効果的なのでしょう。

このように、写真などのビジュアル素材を使って目標を自分に意識させると、行動が変わってきます。

手帳は、スマホと同じくらい肌身離さず持ち歩いていると思います。1日に何度も開くという人も少なくないのではないでしょうか。

それほど頻繁に開くものに、ただ予定を書くだけではもったいない。そこに「目標」が書かれていると、自然とアンテナが研ぎ澄まされて、目標達成に役立つ情報をとらえやすくなったり、行動を起こしたくなったりします。

よく、「手帳に願いを書くと叶う」といいますが、これはあながち、ウソではありません。といっても、何かスピリチュアルな類の話ではありません。

文字に書かれた目標が日々、意識に刷り込まれることで、自然と、その方向に向かう選択を積み重ねることができるようになります。

手帳を「デスノート」にしてはいけない

こうした手帳の役割・効果を考えると、逆に決して書き記したくないのは、ネガティブな事柄です。

プロローグでもお話ししたように、手帳は「自分だけのバイブル」であり、その役割は、「より豊かな未来」をつくっていく自分のサポーターです。

そんな「バイブル」に、仕事の愚痴や人の悪口を書いてあったらどのように感じるでしょうか。

愚痴や悪口は、書けば書くほど自分の中で増大し、あとにも引きずりやすくなります。書き残したりせず、一晩寝て忘れるくらいのつもりでいたほうが、自分のためになるのではないでしょうか。

日々、なるべく「いい事柄」を自分に刷り込むツールとすることが、「より豊かな未来」をつくっていく手帳の条件です。

手帳を毎日、開いて見るのは、自分自身。そして本家本元の「バイブル」同様、後世にも読み継がれるように……、と申し上げると大げさですが、自分が見ても人に見られても、胸を張れるような手帳にしていきましょう。

「目標＝改善」と考えると仕事が楽しくなる

手帳には「目標」を書く、と聞いた時点で、「目標なんてないんだけど……」と思われた人もいらっしゃるかもしれません。

たとえば営業職であれば、売上額や契約数など「数的な成果」という目安がありますから、目標も立てやすいでしょう。

それに比べて事務職などの人は、営業職ほど明確な目安がないため、たしかに目標を立てづらいと感じていても不思議はありません。

では、**目標を「改善」と言い換えてみる**と、どうでしょう。だいぶイメージが湧きやすくなったのではないでしょうか。

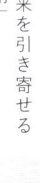

たとえば、「この事務処理のムダをなくす方法を考える」「もっと使いやすい社内オンラインシステムを確立する」など、事務職のようにルーティンワークの多い職種でも、見直してみると、改善したいポイントが見つかるはずです。それを「目標」として、手帳に記せばいいのです。

目標とは、つまり改善である――これは、誰にでも使える発想法だと思います。たとえば、企画部にいるのなら、「企画を3本通す」といった数的な目標だけでなく、「誰にでも見やすい企画書のフォーマットを作る」という「改善」も、立派な「目標」になりうるでしょう。

どんな仕事も、成功のカギは、「成果」を出すか、「改善」をするかです。「目標」を設定するときにも、「成果」のみならず「改善」という観点からも考えてみましょう。そうすることで、目標の「引き出し」が増え、それだけ多様な成長を遂げていくことができます。

「目標への最初の一歩」を間違いなく踏み出すコツ

目標は、手帳のカレンダー欄のトップに1行で書きます。

目標というからには、達成までに踏むべきステップがあるはずです。

そこで、ごく最初のステップとなるTODOを1～2個、洗い出します。それを、手帳ではなく、スマホの「リマインダー」に入れます。

このときのコツは、あまり大それたTODOを想定しないこと。すでに「1～2個」とお伝えしたように、**最初はTODOの数も、あまり多くないほうがいい**でしょう。

いきなり大それたTODOをいくつもクリアしようとすると、すぐに挫折しやすく、自分で自分の出鼻をくじくことになってしまうからです。

たとえば、「プロジェクトの企画を通す」だったら、「プロジェクト名を考えて企画書の1行目に書く」「内容構築の参考になるウェブを探す」。

こんなふうに、まず、**小さくても最初の一歩を踏み出すことが重要**です。

小さなTODOなら、たいていはすぐにクリアできます。

私自身、日々実感していることですが、小さなTODOを設定すると、リマインダーのチェックボックスにチェックを入れていく快感をすぐに味わえます。

「目標達成には、小さな成功体験の積み重ねが大切」とよくいいますが、チェックを入れることも、そんな成功体験を実感する行動のひとつとなるでしょう。

それがモチベーションアップにもつながり、自分をより、目標に向かって勢いづけることができるのです。

ふせんが〝怠け者の自分〟へのプレッシャーになる

先ほど第2章で、打ち合わせのあとに洗い出したTODOを、リマインダーに入れるとお話ししました。それと同様、手帳には、まず「目標」を記し、その達成に必要なTODOを洗い出したら、それもリマインダーに入力します。「ノートとリマインダー」「手帳とリマインダー」という合わせ技を使う。すると「現在すべきこと」と「将来に向けてすべきこと」の両方を、着実にこなしていけます。

……というのが理想ではあるのですが、そこは人間、うまくいかない場合もあります。たとえば、どうしても「現在すべきこと」のTODOがクリアされないまま、残り続けることもあると思います。そんなときには、ふたたび手帳の出番です。

そのTODOをリマインダーから手帳に「昇格」させ、より自分に「やらねば」というプレッシャーがかかるようにするのです。それも「ふせん」に書い

て、クリアすべき日付に貼り付けることで、より目立つようにします。

そのふせんも、TODOの重要度に従って色を分けておくといいでしょう。

私の場合、緊急度の高い順に、赤、ピンク、オレンジ、黄、緑、青と決めています。緊急度の高いものを暖色系にしているのは、単純に「目立つから」というのが理由です。

このように、ひと目でわかる形で「昇格」されてきたTODOを、毎日、手帳を開くたびに見ることで、実行力が上がるのです。

ふせんはそのまま部下への伝言メモにもなる

ふせんにするのには、他にも2つほど理由があります。

ひとつは、手帳に貼りつけても、なお、クリアできなかった場合に、別の日付に貼り直すことができるようにするためです。

貼り直す＝先送りすると思われそうですが、**「一度貼ったものを、はがして、**

図13　デジタルとアナログを効果的に使う

STEP 1

月目標を手帳に書く

「企画を３本通す」「企画書フォーマットをつくる」「事務処理のムダをなくす」など

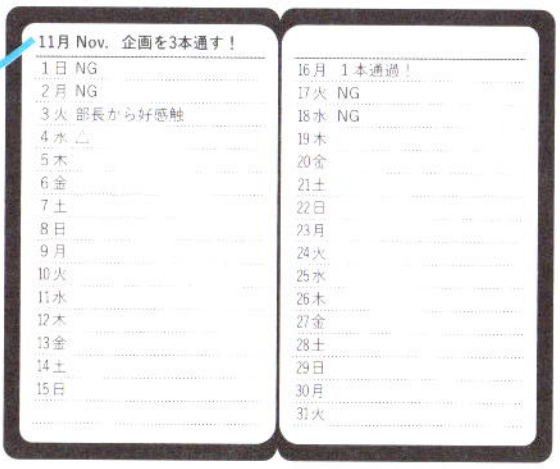

STEP 2

リマインダーに入力

目標を達成するための最初のステップとなるTODOを入力する。TODOの数は１～２個でOK

STEP 3

手帳にふせんを貼る

TODOがクリアされない場合は、そのTODOをふせんに書き写し、手帳に貼る

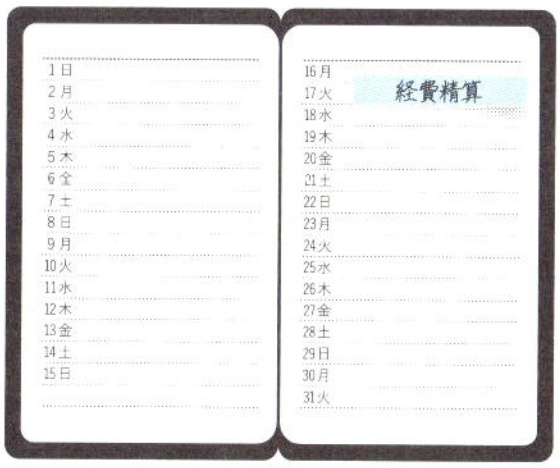

すべきことを「見える化」することで、自分にプレッシャーを与え、実行を促す！

別の日に貼り直す」という手間によって、より自分へのプレッシャーが強くなると感じています。貼り直すたびにふせんの粘着力も弱まっていきますから、そのぶんだけ「早く完遂しなくては」という思いも強くなっていくでしょう。

もうひとつの理由は、部下やアシスタントがいる人に向いています。

TODOを手帳に昇格させてもなお、ズルズルと先送りしてしまう場合も、ときにはあるかと思います。その中に部下やアシスタントに任せられるものがあれば、いっそのこと、任せてしまったほうがいいかもしれません。

そんなときに、「これ、お願い」などと言って、そのふせんを部下の手帳やパソコンにペタッと貼りつければ、指示が一瞬で済みますし、任されたほうも、自分でメモをとる手間がかかりません。お互いに効率的というわけです。

「1日1行○×をつける儀式」でモチベーションを最大限に高める

手帳のカレンダー欄の月のトップには、目標を書くとお話ししました。

では各日付の欄には何を書くのかというと、**その日1日、「将来に向けたアクションを起こしたかどうか」**です。

アクションを起こしたのなら、○あるいは、何をしたのかを記入し、何もアクションを起こさなかったのなら、「×」と記入します。「NG」「ナシ」などでもいいでしょう。

この記入法のポイントは、単に仕事で忙しくしていただけでは「NG」になるということです。仕事は「現在、すべきこと」であり、将来に向けたアクションではないからです。

日付欄に○を記入できるのは、「緊急性はないけれど、将来に重要な影響を与えること」を実行した日のみです。

たとえば「（スキルアップに役立つ）△△の資格の参考書を1章分読んだ」「資格試験の資料を取り寄せた」「セミナーに行った」「××さん（将来につながる人脈になりそうな人）と食事した」……といったことはもちろん、「事業立ち上げの企画書を練った」「将来職場で必要になる設備を見に行った」といった、将来にダイレクトにつながるアクションをした日は○の対象となります。

忙しくしていると、私たちはつい、その忙しさに満足し、流されがちです。

しかし、今と同様に仕事がたくさんある日々が、ずっと続くとは限りません。

あるとき、今まで一生懸命、やってきたことがパタッと必要とされなくなる、あるいは、もっと高いスキルが必要とされるようになる。そんな将来が、いつ来るかわからないのです。

そこで現在の忙しさに満足してしまわないよう、そして忙しさに流され、将来を考えることを怠けてしまわないよう、手帳を利用して自分を戒めるわけです。

私がこの習慣を身につけたのは、執事として独立する前、外資系企業に勤めていたころのことです。当時は今以上に忙しく、収入も十分で、それなりに充実していました。でも、頭のどこかでは、「この生活がずっと続くのかな。自分は続けたいのかな」と、常に思っていました。

そこで、スキルアップのために英会話を始めることにしました。ビジネスで通用する英語力があれば、出世や転職など、自身の可能性が広がるからです。やがて「将来は独立したい」と考えるようになり、関連のセミナーに行ったり、ビジネス書を読んだりするようになりました。

そんな中、「こんなふうに将来に向けたアクションをしたことを記録したほうが続くし、モチベーションも維持できるな」と思い始めたのです。

ただ、私は、毎日長々と日記をつけるほどマメな人間ではありません。

そこでせめて、手帳に「何をしたか」や「×」を記入することにしたのです。

このくらいならズボラな私でも続けられますし、見開きで俯瞰することで、その月の頑張り度がわかります。**慣れてくると、自分がどんなときに頑張ることができ、どんなときに頑張れないのかもわかってきます。**

また手で書くことで、記憶が蘇り、そのとき頑張ることができたうれしさや、×と書いたときの悔しさが、筆圧や内容から伝わってきます。それが、モチベーションの維持につながるのです。

その後、私は、かつて望んだとおりに独立しました。

無事、独立できたことも、ありがたくも今なお業績が伸びているのも、「常に先を見る」そして「アクションを起こし続ける」という習慣が、手帳を通じて身についたことが大きいと思っています。

手帳に記すのは、1日たったの1行です。それでも、自分を律し、鼓舞するには十分なのです。

図14　目標に対する１日の行動を振り返る

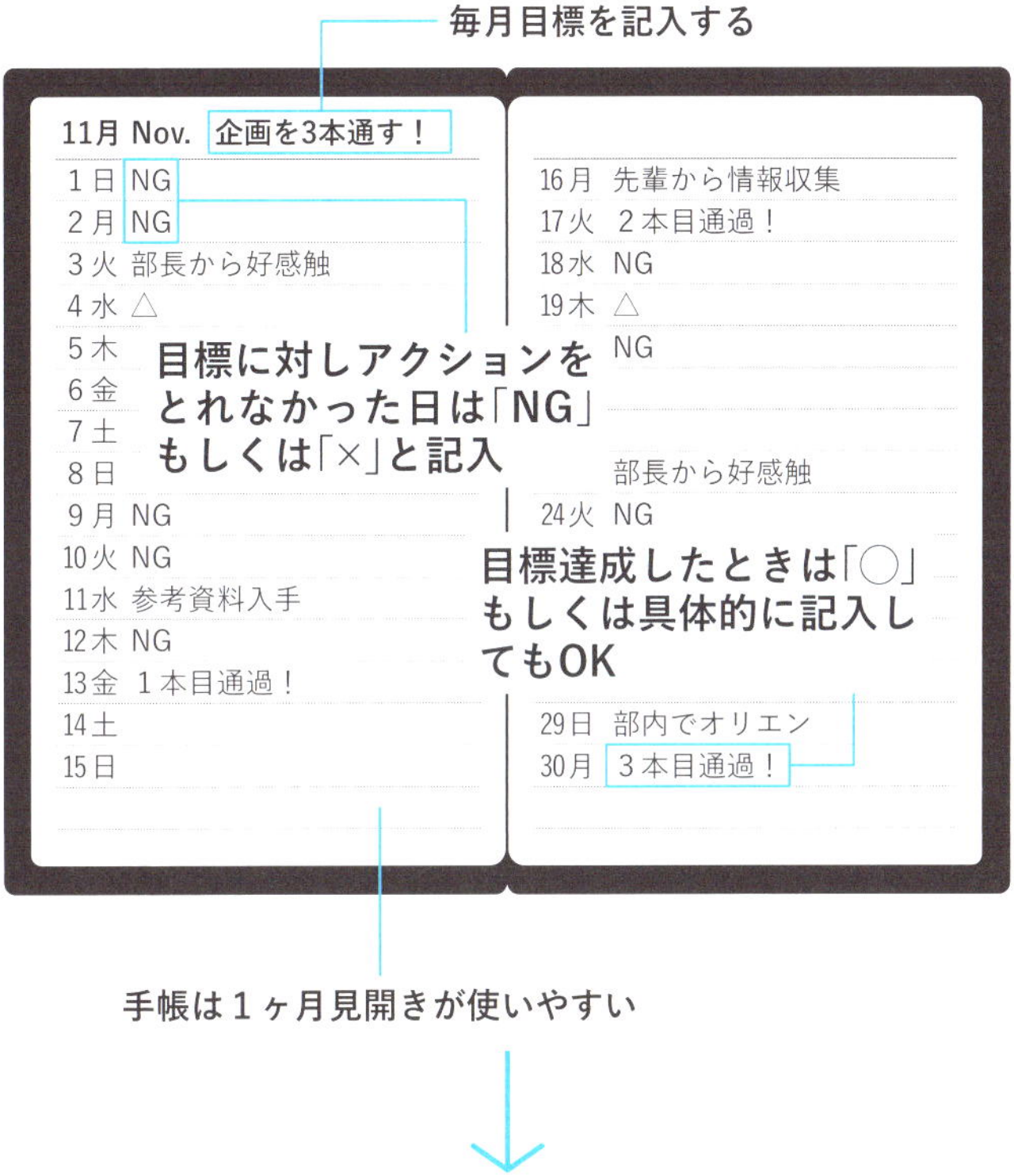

一見してすぐ自分の頑張り度がわかる！
１日の終わりに振り返るだけなので、
ズボラな人でも続きやすい！

月に一度、目標を必ず変えなければいけない理由とは？

手帳のカレンダー欄は、見開きで1ヶ月が一覧できるものをおすすめします。毎日手帳を開くたびに目標が目に入ってきますし、月が変われば、おのずと目標を見直すことになるからです。

1ヶ月で達成できたのなら、「お見事！」と自分をほめつつ、また別の目標を立てて記します。逆に**達成できなかった場合は、そのまま翌月にくり越すのではなく、目標の立て方を見直したほうがいい**でしょう。

大きな目標は小さな目標の集まりでもあります。その月の目標が大きすぎて着手できなかった、あるいは中途半端で終わってしまったのであれば、その目標を思いきって、何ヶ月分かに分けてしまうのです。

たとえば、ある月に「執事養成学校を設立する」という目標を立てたとします。しかし、目標が大きすぎて、何にも手をつけられなかったとします。その場合は、この目標を達成するために必要なTODOを2ヶ月分に分けます。

今月は「執事養成学校のカリキュラムを作る」、来月は「執事養成学校の講師、開催場所、開講期間を決めてウェブで告知する」といった具合です。

このように、できるだけ目標を分割していくのです。

仮にそのTODOすら着手するのが億劫《おっくう》だと感じたら、さらに細かく分割していきます。自分が着手できるレベルにまで細分化することで、「これならできるかも」と自分を奮い立たせることができます。こうして一歩ずつでもよいので、進み出すことが重要なのです。

手帳の中で比較すべきは、1ヶ月前の自分です。

目標を設定しては1ヶ月後に見直すことをくり返すことで、手帳というツールを使った目標達成術が、自分の中でどんどん熟成されていくのです。

「本当に心に響いたこと」だけ手帳に書き写す

ここまで読んでくださった人の中には、疑問を感じるという人もいらっしゃるかもしれません。「目標を書き込むくらいでは手帳がバイブルとは言えないのではないか」と。

じつは私が手帳をバイブルと呼ぶのには、もうひとつ大事な理由があります。

それは、手帳に「**心を動かす言葉を書いているから**」です。

たとえば、感銘を受けた本の一節や、頭に入れておきたい知識、セミナーなどで学んだことを手帳に書くようにするのです。

これらは具体的なアクションではありませんが、**毎日のように読んで、自分**

のものとすることで、いつか必ず役立ってくれます。自分の人間的な幅が広がると申し上げたらいいでしょうか。

手帳のノート欄は、そういうものを記していくためにあると考えてください。

たとえば、私の手帳のノート欄には、今こんなことが書いてあります。

● 自分が正しいと思うことをすることと、相手が喜ぶことは大きく違う

これはタレント・占い師であるゲッターズ飯田氏の書籍『ゲッターズ飯田の運命を変える言葉』（ポプラ文庫）を読んでいて出会った一節です。

ときに人は季節の花を飾ったり、和服を着てお客様をおもてなししたりと、よかれと思って独りよがりのサーヴィスをしてしまうことがあります。しかし、サーヴィスは、相手が喜んでくれてはじめて成立するものです。この言葉はそういった意味で、ホスピタリティーやおもてなしの本質を突く言葉であり、自分自身もそれを踏み外さないようにと書き写しました。

●コンセプトを変えることがビジネス成功の元

体脂肪計で有名なタニタ前社長、谷《たに》田《だ》大輔《だいすけ》氏のセミナーで心に残った言葉です。タニタは一流の体重計メーカーですが、その名が一躍、世間一般にまで広まったのは、低カロリー料理のレシピ本を出したり食堂を開店したりと、「体重そのもの」を扱うコンセプトビジネスを展開し始めてからのことです。

じつはこのお話は、私の会社の売上を倍増させるきっかけとなった言葉でもあります。

当社は執事というハイレベルな人材を、高いサーヴィスレベルを求める大富豪やＶＩＰ向けに受託サーヴィスをすることが事業の柱です。しかし、本質的には、お客様が満足するハイレベルなサーヴィスができる執事を短期間で育成することが強みでもあります。そこで、自社の執事を教育することだけでなく、研修や講演を通じて、異業種の企業の営業・販売担当者、接客サーヴィス担当者の人材育成を行なうことにコンセプトを変えたのです。

図15　本当に心に響いたことだけを手帳に書く

本を読んで心に響いた箇所があったら……

手帳のノート欄に書き写す

毎日、手帳を見ることで、人間的な幅を広げられる！

他にも、本の一節や人の言葉が、ぎっしり書き込まれています。

私が手帳を「バイブル」と呼ぶ一番の理由は、ここにあります。

キリスト教徒にとって、世界の真理や行動規範、イエス・キリストの教えが詰まったものがバイブルであるように、私たちにとって、自分を向上させてくれる知識や言葉がぎっしり詰まった手帳がバイブル、というわけです。

ただし、むやみやたらとタメになりそうなことを書いてしまうと、あっという間にノート欄が埋まってしまいます。

これは頭の中も似たようなもので、たくさんのことを詰め込もうとすると、逆に何ひとつ覚えられないという事態にもなりかねません。

しつこいようですが、手帳は自分のバイブルです。そこに書き記すものは「本当に心に響いたことだけ」と決め、内容がギュッと凝縮された「自分だけのバイブル」をつくっていきましょう。

手帳は開けば開くだけ自分を成長させてくれるツール

「より豊かな未来」をつくっていくツールとするために、手帳をどう使ったらいいか、今までの話で、だいたいご理解いただけたのではないでしょうか。

1日の終わりに、その日、将来に向けてどんなアクションを起こしたか、あるいは何もできなかったのかを書き込む。

さらにノート欄には、自分の血肉としたい知識や言葉を書き込んでいく。

こうした使い方ですから、毎日、最低1回は手帳を開くことになります。

加えて、移動中などにも手帳を開く習慣をつければ、それだけ手帳の内容が自分に刷り込まれていきます。

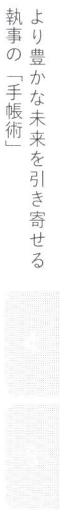

私の場合、移動の電車の中で必ず、手帳を開くと決めています。

その月の目標を改めて確認したり、それまでの日付を振り返って、「なかなかよくやっているな」と自分をほめたり、「今月は〝NG〟が多いな」と反省したりします。

それがひととおり済んだら、次は、自分のためになる教えがぎっしり詰まったノート欄を読み返します。

こうすることで移動の車中が「自分を成長させる時間」に早変わり。漫然とSNSを見たりするより、ずっと有意義な時間を過ごすことができます。

より豊かな未来をつくる手帳は、100円ショップの手帳で十分

さて、このように折に触れて開く手帳は、当然、重く、分厚いものでは、使い勝手がよくありません。

「より豊かな未来」をつくっていくための手帳は、**「薄い、小さい、軽い」**が一番。

そう覚えておけば、間違いないでしょう。お金をかける必要もありません。

実際、私が愛用しているのは、**100円ショップの手帳**です。

これまで、バインダータイプのシステム手帳や、著名人がプロデュースしたビジネス手帳などを数多く試してきましたが、どれもしっくりきませんでした。

最終的にたどり着いたのが、100円ショップの手帳だったのです。

文房具店で売っているようなおしゃれな手帳だと、一見便利そうなテンプレートがくっついていますが、意外と使いこなせません。

一方、私が愛用している100円ショップの手帳は、「カレンダー欄」と「ノート欄」だけのシンプル仕様なのでムダがなく、フルに活用できます。

私は仕事上、外出する機会も多いため、手帳が分厚いと荷物がかさばってしまいます。その点、この手帳はメモ帳くらいの大きさですから、胸ポケットに入れて、いつでもどこでもサッと取り出せます。

薄くて軽いので、お客様の突発的なお電話やご依頼なども、すぐに書きとって対応することができます。

またお客様からすれば、ちょっとした指示でもメモをとってくれる姿というのは、安心感と信頼感につながります。こういった感情をお客様に持っていただくツールとしても、薄い100円ショップの手帳は大活躍してくれるのです。

手帳は、「ノート欄が埋まったら買い換える」と決める

手帳は1年区切りになっていますが、「より豊かな未来」をつくっていく手帳術では、1年の終わりに、新しいものに切り替えるとは限りません。

手帳は、「ノート欄がすべて埋まったら切り替える」ほうがいいのです。

これには、ちょっとした理由があります。

「1年の終わりに切り替える」と決めていると、年によっては、空欄が残ったまま切り替えることもあるでしょう。

一方、「ノート欄がすべて埋まったら切り替える」と決めていると、年を越えても、前年の手帳を使い続けるケースが出てきます。

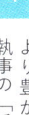

ここで、不思議な人間心理が働きます。『1年』と設定されているものは、やはり1年で切り替えたい」と思うものなのです。

そのためには、年の終わりまでにノート欄を埋める必要があります。もちろん、ここに書くのは「本当に心に響いたことだけ」です。心に響く言葉に出会うには、それなりの書物や人に触れる必要があります。

したがって、たとえば10月の時点で半分ほどしか書き込まれていなかったら、「ノート欄が今年の終わりまでに埋まりきるよう、インプット量をもっと増やそう」という意識が働きだすというわけです。

前にもお話ししたように、人は、目の前の忙しさに流されがちです。

もっと申し上げれば、忙しさにかまけて、新しい知識や情報のインプットを、つい怠ってしまい、ノートを埋めることは二の次になりやすいということです。

そう考えると、「1年で手帳を埋めきるぞ」と決めることも、ひとつの目標になりうると申し上げてもいいでしょう。

図16　手帳の種類

システム手帳（バインダータイプ）

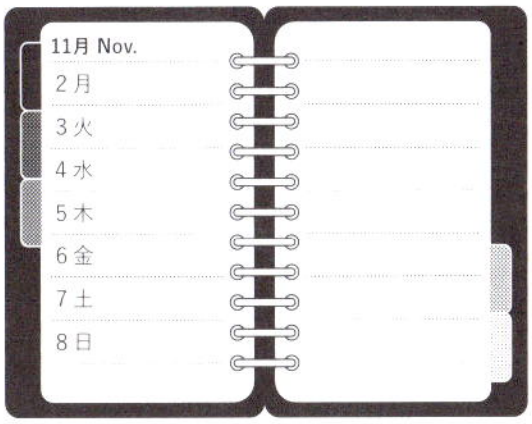

- 中身だけ変えられるので長く使える
- 真ん中にリングがあるので書きづらい

オーソドックスな手帳

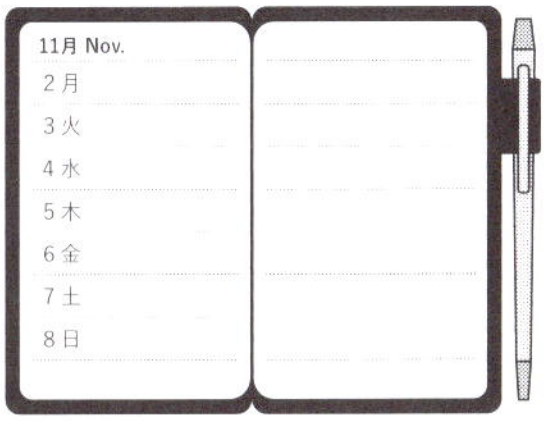

- 毎年買い換えが必要
- 機能的だが重たくなる傾向にある

100円ショップの手帳

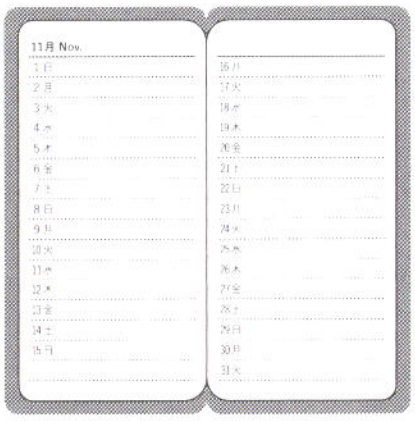

- 毎年買い換えが必要
- 薄くて軽い
- スペースが少ないので書く内容も最小限

↓

薄くて軽いとかさばらないうえに、突発的なメモでもすぐ書きとれる！

もとからインプット量が多い人は、逆に、1年が終わる前にノート欄が終わってしまう場合もあると思います。

その場合は、カレンダー欄がちょっともったいないのですが、もう1冊、同じ年の手帳を買って切り替えるのもひとつの方法です。

ただし、「本当に心に響いたことだけを書いているか？」「やたらと知識を詰め込もうとしていないか？」というのは、ぜひ振り返ってみていただきたいところです。

知識や言葉は、自分のものになるまで書き写し続ける

そして新しい手帳に切り替える際にもうひとつ、ポイントがあります。

古い手帳に書いてきたことの中で、まだ自分のものになっていないもの、これからも引き続き、毎日のように見たほうがいいと感じたものは、新しい手帳に「繰り越す」のです。

図17　知識や言葉は書き写し続ける

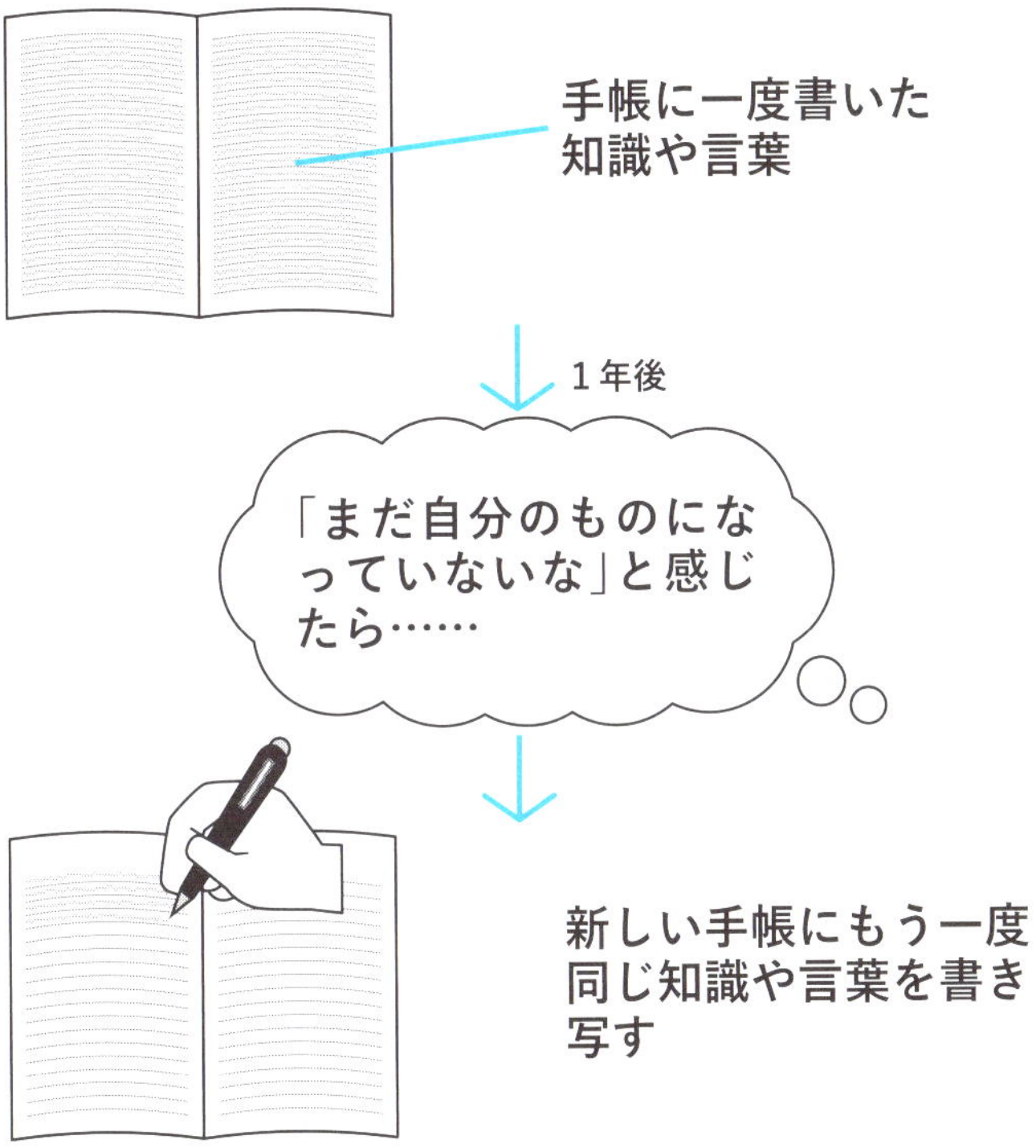
手帳に一度書いた
知識や言葉
1年後
「まだ自分のものになっていないな」と感じたら……
新しい手帳にもう一度同じ知識や言葉を書き写す

本当に自分のものになるまで書き写すことで血や肉になり、手帳の「質」も高まる！

つまり、**ノートに書いた知識や言葉が、本当に自分のものになるまで、次の手帳に書き写していく**ということです。最初のうちは少し面倒に感じるかもしれませんが、続けるほど、自分の血や肉となり、ノートの内容も凝縮され、バイブルの「質」を高めていくことができます。

手帳をつけることを通じて、そんな充実感も味わっていただきたいと思います。

column

ある大富豪に見せてもらった「分厚い手帳」

これまでお仕えしてきた人の中には、ユニークな手帳の使い方をされている人も、たくさんいらっしゃいました。

中でも印象に残っているのは、ある大富豪の「分厚い手帳」です。

その手帳が、どれくらい分厚かったかというと、英和・和英辞書くらい。およそ10センチ弱はあったのではないでしょうか。おそらく特注で作らせたもので、中身は、1ページあたり1週間の、12年分のカレンダーでした。

12年といえば、ちょうど十二支がひと回りする年月です。分厚すぎて、持ち歩くのも容易ではありません。にもかかわらず、なぜ、そんな手帳をお使いなのか、あるとき、その人に聞いてみたことがあります。

すると、こんなふうにおっしゃいました。

「人生80年というよね。たとえば、この手帳を20歳から使い始めたとして、1冊目を使いきると32歳、2冊目を使いきると44歳、3冊目を使いきると56歳、4冊目を使いきると68歳、そして5冊目、いや、6冊目を使いきるころには、おそらく、この世から自分はいなくなる。

そう考えると、時間の大切さがわかるんだよ。この手帳は1ページあたり1週間だから、ページをめくるごとに、12年のうちの貴重な1週間が過ぎたんだなと感じる。そして12年のうちの、どのあたりに自分がいるのかを日々、手帳で確認していると、今まで経てきたこと、これからのこと、人生すべてがひとつの大きな流れに見えるんだ」

その人は、じつは若いころに大病を患い、生死の狭間をさまよったことがありました。働き盛りのころに死を強く意識したことで、何事かが起こらずとも、人はいつか必ず死ぬという、人生の儚さを感じられたのでしょう。

それが、大きな視野で人生をとらえるきっかけとなり、12年で1冊という分厚い手帳を使うことにつながったのではないかと思いました。

第4章

締め切り直前でも期待以上の仕事ができる執事の「アプリ術」

締め切り前に完遂！ 期待以上の仕事をする人の「カレンダー術」

ここまで、ノートと手帳の使い方をお伝えしてきました。

ここからは、ノートと手帳、2冊のノートを補完する役割を持つ〝第三のノート〟でもあるアプリの使い方について紹介します。

私は、手帳に予定を書かないと申し上げました。代わりに予定はすべてカレンダーアプリで管理しています。というのも、**カレンダーアプリに予定を入力し、通知機能をオンにすると、自分の望む時間に、秘書のごとく、リマインドしてくれるから**です。これは、紙の手帳にはない魅力です。

仕事が速い人は、決まって、何事にも厳密にデッドラインを設けています。たとえば「経費精算は月末の30分で終わらせる」「企画会議前日の2時間で企画書作成をする」「打ち合わせの前日の3時間でプレゼン資料を完成させる」……それぞれのタスクの所要時間から、厳密なデッドラインがあるのです。

私も、日々のタスクには、きちんとデッドラインを設け、必ずカレンダーに入れるようにしています。カレンダーは「人との予定」だけでなく、「自分の作業予定」を入れる場所でもあるのです。

執事の仕事は「時間契約」です。

たとえば「毎月140時間」という契約だった場合、その140時間の中でご主人の満足のいく仕事をしなくては、「コストパフォーマンスの低い人」ということになり、契約を切られてしまうでしょう。

私のような職業の者にとっては、**「ダラダラと仕事をすること＝利益減に直結すること」**なのです。だからこそ、一つひとつのタスクにしっかりデッドラインを設け、きっちりこなすというクセがつきました。

執事ではなく月給制の会社員でも、同じように考えて損はないと思います。

昨今、各企業では、「残業削減」に向けた取り組みが活発化してきています。仕事ももちろん大事ですが、それと同様、プライベートも大切です。将来に向けた自己投資の時間を確保するためにも、なるべく「定時」で帰りたいと考える人は少なくないと思います。

そこで仕事を究極的に効率化するひとつの手段が、**自分の中で細かくデッドラインを設けて、カレンダーアプリに入力する**、ということなのです。

仮に企画書提出の締め切りが「今日から2週間後」だったとしても、実際に企画書作成にかかる時間は、せいぜい2時間くらいでしょう。

そこで「締め切りまでの2週間」を作業時間と考えたら、おそらく、ダラダラと仕事をしてしまいます。何となく残業し、何となく家でも遅くまでパソコンを開き、何となくいつも寝不足……。こうして自分の時間がどんどん削られていくのです。

図18　締め切りの設定のしかた

例 A社の企画書もB社の企画書も、
ともに期日が２週間後だった場合

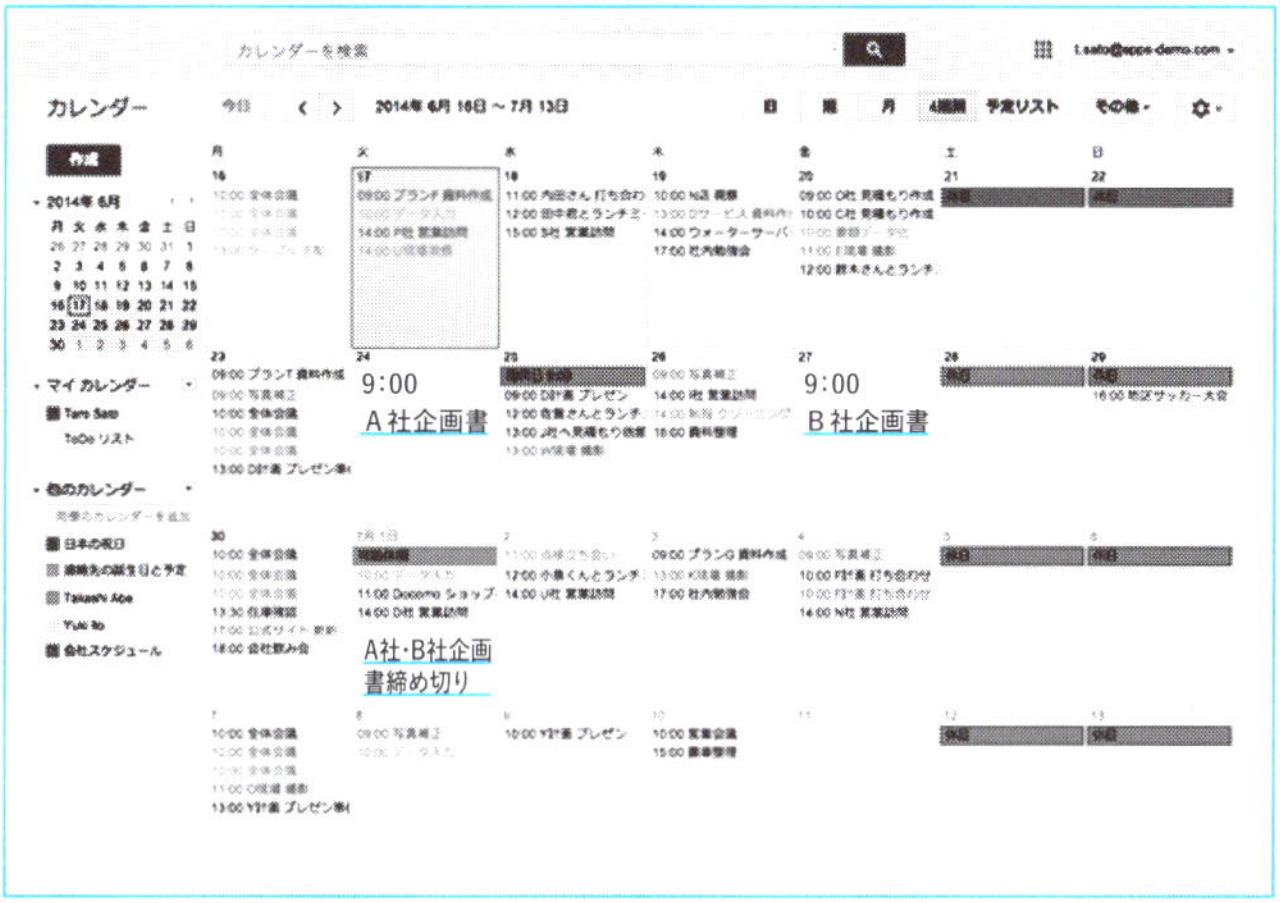

通常のアポと同様、とりかかる日時をあらかじめカレンダーアプリに設定しておく

↓

必要十分な時間で集中して仕上げることで、「質」の向上に直結する！

一方、「締め切りまでの2時間」を作業時間と考えれば、より効率的に、より質の高い仕事ができるようになります。

時間をたっぷりかければ質の高い仕事ができるわけではなく、**必要十分な時間で集中して仕上げることが、質の向上に直結する**からです。

しかも、多くの人は一度に複数のタスクを抱えていると思います。

「2週間後にA案件の企画書と、B案件のプレゼン資料の締め切り」などとなれば、なおのこと、「企画書は木曜日の15時～17時」「プレゼン資料は金曜の10時～13時」というふうに、**一つひとつ厳密なデッドラインを設けたほうがいい**のです。

そして、**決めた以上は、必ず、その日、その時間内に終わらせる。**

そう意識していれば、自然と集中力が上がり、締め切り以内に質の高い仕事ができるようになり、残業が減ります。必然的に、**「定時後の時間」も充実していく**というわけです。

「ルート再検索」をしないだけで外出の準備はここまでスムーズになる

ここからは、時短に役立つ小ワザをご紹介したいと思います。

外出予定をカレンダーアプリに入力するのは、すでに多くの人が当たり前になさっていることと思います。そこに「乗換案内」を連動させると、いっそう便利になります。ここでは、「Googleカレンダー」を例にご紹介します。

外出予定が決まったら、まずGoogleカレンダーに入力します。

そして「Yahoo! 乗換案内」のアプリを開き、「出発」「到着」「到着時刻」を入れて検索します。ここまではおなじみの動作ですが、検索結果からひとつを選択したあと、画面を下にスクロールしていくと「カレンダーに保存」という項目が出てきます。

そこで「追加」をタップすると、「移動」時間として、乗換案内の内容とともにGoogleカレンダーに自動的に登録されるのです。

これまでは、前日や当日になってから乗換案内を開き、電車の時間を調べ、逆算して出発時間を考えていた、という人も多いのではないでしょうか。

それをカレンダーに予定を入れてから、すかさず乗換案内と連動させることで、「移動時間」までカレンダーに組み入れて動くことができるのです。

そのうえ、カレンダーの通知機能をオンにすれば、30分前や1時間前など、自分が望んだタイミングで、外出予定のリマインドが出るようにも設定できます。つまり、**通知が出るまでは、時間をほぼ気にせず、目の前のことに集中できる**わけです。「場所」欄に外出先の地図リンクを貼っておけば、電車に乗ってからでも瞬時に地図が見られます。

図19　外出予定と乗り換え案内はセットで入力

STEP 1 外出予定が決まったら
カレンダーアプリに入力

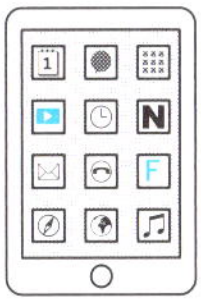

STEP 2 「Yahoo!乗換案内」のアプリを開く

STEP 3 出発、到着、到着時刻を検索

STEP 4 「カレンダーに保存」を押して
カレンダーアプリに保存

↓

カレンダーアプリと乗り換え案内を連動させると、乗換情報・時間をカレンダーに自動入力してくれるので、効率が大幅アップ！

なぜ執事は「公私混同」にするのか？

「新井さんは、プライベートの予定はどこに書いていますか？」とよく聞かれるのですが、私は仕事とプライベートとでカレンダーを分けていません。

その理由は、**カレンダーは公私混同に限る**、と考えています。

「仕事用」「プライベート用」と分けてカレンダーを管理すると、それだけ管理する手間がかかるからです。

下手に分ければ、あっという間に仕事の予定とプライベートの予定の整合性がとれなくなり、ダブルブッキングしかねません。

人には「仕事の顔」「プライベートの顔」の2面があっても、あくまで「自分」

という人間は1人です。ですから、その1人の予定を管理するカレンダーも、ひとつに統一したほうが効率よく管理できるのです。

たとえば、1日中、仕事の外出予定が詰まっている日の夜に、デートの予定をすすんで入れようという人は少ないと思います。ヨレヨレに疲れ果てた顔で、気になる異性に会うのは避けたいものです。

逆に、大事なデートの予定が先に決まっていれば、同じ日にハードな仕事の予定はなるべく入れないようにするのではないでしょうか。あとでも詳しく説明しますが、スケジューリングは、なるべく自分本位をおすすめしています。それもカレンダーを公私混同にしておくことで、可能となります。

あるいは外出先から直行できる時間帯に、ちょうど帰り道にある映画館で、観たい映画が上映されている場合もあるでしょう。そんなときには、仕事の外出予定のあとに「どこそこで何々を見る」と入れてしまえばいいのです。

あるいは、会社のメンバー同士でGoogleカレンダーを共有している場合は、単に「予定あり」と表示させるようにしておけば、望まない日時に勝手にグループの予定を入れられずに済みます。

このように、カレンダーを公私混同にしておくと、仕事の予定もプライベートの予定もまとめて効率よく組むことができ、結果、どちらともうまくいきやすくなります。

「色分け」で赤を効果的に使う

カレンダーに「分ける」要素があるとすれば、それは「公と私」ではなく、「緊急性と重要性」です。私は、この2点にしたがって、次のような色分けをしています。

- ピンク――緊急かつ重要な予定(現在の仕事の打ち合わせなど)
- 赤――緊急ではないが、重要な予定(将来の仕事につながりそうな人との会合など)

- 黄色――緊急だが、重要ではない予定（人に代わってもらえる作業など）
- 青――緊急でも重要でもない予定（仲間内の飲み会など）

重要度の高い予定に赤やピンクを使っているのは、ノート術の項目でもお話ししたように、赤には注意を引きつけ、記憶に残りやすくする効果があるためです。

このように色分けしておくだけで、**予定の優先度が一目瞭然**です。すると、たとえば大事な打ち合わせ（ピンク）を決めるときには、空いている日時だけでなく、青や黄色になっている日時も、候補として考えられるというわけです。

「できる人」はカレンダーを振り返りに使う

本来は「予定」を書くものであるカレンダーに**「振り返り」も書くようにすると、カレンダーが、セルフマネジメント力を向上させるツールにもなります。**

自分で立てた予定にもかかわらず、人は往々にして、予定どおりに動けないもの。

たとえば、カレンダー上では、「会議の資料作成」に十分な時間を確保してあったはずなのに、なぜか終わらなかった。そのため、次にしようと思っていたことにまでズレこんでしまった――きっと誰しも覚えのあることでしょう。

仕事が、カレンダーに入れた時間どおりに終わらなかったとすると、それは、自分の仕事スピードを計り間違えたか、その時間帯に、ムダなことをしていたかの、どちらかです。

そこで先ほど述べた「振り返り」です。会社から家に帰る車中にでも、その**1日を振り返り、予定として入れていた内容と、実際の自分の行動を照らし合わせてみてください。**

たとえば「会議の資料作成」を予定していた時間帯に、実際は何をしていたのか。ちゃんと集中して資料作成に取り組んでいたのに終わらなかったのなら、次に同様の予定を入れるときには、もっと時間を多めにとるようにすればいいでしょう。

あるいは、たとえば15時〜16時は「資料作成」の時間だったはずが、実際には15時〜15時半くらいまで、資料づくりをしながら、いつの間にかネットサーフィンをしてしまい、じつはあまり資料づくりに直結しなかった……といったケースもあるでしょう。

そこで、自分で決めた予定を破ってしまったことを流してしまわず、カレンダーの15時～15時半に「ネットサーフィン」と入れるのです。

いかがでしょう。想像しただけで、ちょっと気が重くなりませんか？　見方を変えれば、これが、自分への強い戒めになるのです。

私自身、じつは、あらかじめ自分で決めたとおりに仕事を進められなかった、という失敗をくり返していた時期があります。

私は家電が好きということもあり、かつて上司から、加湿器を購入するように頼まれたことがあります。

少しでもパフォーマンスの高い製品を、と思いつつ、ネットで延々調べ、気がついたら2～3時間が経っていることもザラでした。土日は土日である海外ドラマにハマってしまい、本当は将来のために本を読もうと思っていたのに、延々見続けてしまったこともあります。

でも、こういう「予定外のこと」をした事実を振り返り、しっかりカレンダー

図20　カレンダーを使って毎日予定を振り返る

07:00
08:00
09:00
10:00
11:00
12:00
13:00
14:00
15:00
16:00
17:00
18:00
19:00
08:30～09:30
会議の資料作成
10:00～11:00-移動
10:00～11:00
デザイナー宮田さま打ち合わせ
10:00～11:00
デザイナー宮田さま打ち合わせ延長
12:30～13:00-ランチ
12:30～13:30
電話（会社、A社丸田様、B社米田様）
13:30～14:30
メールチェック、ネットサーフィン（アマゾン売れ行き調べ）
14:30～15:30
P社渡部さま打ち合わせ
15:30～16:30
P社渡部さま打ち合わせ延長
16:30-日報提出
17:00～22:00
営業部打ち上げ
あらかじめ決めておいた予定にはp166～167のルールに沿って色をつけておく
割り込み仕事や予定になかった仕事その他は別の色で入力する
一目で予定の動きがわかり、セルフマネジメント能力を高められる！

に書き込むようにしてからは、ネットサーフィンや海外ドラマ一気見などの悪癖は、いつの間にか消えていきました。少なくとも、以前のようにダラダラ観ることはなくなり、時間を決めて観るようになりました。

それは、**事実を書き込むことで、思っていた以上に時間を浪費していることがわかったから**だと思います。**記録して「ダメな自分」を認識すると、動かざるを得ません。**

「予定外のこと」をした事実をカレンダーに書き入れることは、正直、とても気が重いものです。「またやってしまった」「自分ってダメだな」と思わずに済むには、「予定どおりのこと」をするしかありません。

こうして、もともとズボラで、誘惑にも弱い私でも、セルフマネジメント力を高め、きっちり仕事をこなせるようになったのです。

月に1度、Googleカレンダーを印刷してわかる意外な効果

仕事の効率を上げながら質も上げるには、**いかに予定を一時期に集中させず、「ちょうどよくバラけさせるか」が勝負**です。

そこで効果的なのが、月に一度、「向こう1年」のカレンダーを刷り出し、俯瞰的に眺めてみることです。すると、**意外と見えていなかった「繁忙期」と「閑散期」が見えてきたりします**。

たとえば期末や決算期などで忙しく、どうしても予定が詰まってしまう時期があるのは、仕方ありません。

ただ一方で、「その時期でなくてもいい予定」が、「その時期でなくてはいけ

ない予定」と重なっている場合も、意外と多いものなのです。

こういう違いに気づくことができれば、**繁忙期に、あえて「その時期でなくてもいい予定」に時間を費やさずに済みます。**

たとえば、緊急でも重要でもない付き合いだけの飲み会など、いつでもいいような予定は閑散期に移動させ、そのぶん、「その時期でなくてはいけない予定」に、十分な時間を使えるようにすればいいのです。

あるいは、仕事で使うパソコンの買い替えやOSのアップグレードなどには、まとまった時間が必要です。失敗すると仕事への影響も大きいことを考えると、スケジュールを俯瞰して、これもやはり閑散期に行なったほうがいいでしょう。

逆に、向こう1年分のカレンダーを俯瞰してみて、スケジュールに余裕があれば、今までなかなか使えていなかった有給を使って旅行の計画を立てるなど、休む時期をコントロールできます。また、繁忙期でないぶん、連絡もきにくいので、休暇中も、仕事のことを気にせず心から楽しむことができるようになるメリットもあります。

図21　１年分のカレンダーを並べて俯瞰する

1月

日	月	火	水	木	金	土
1	2	3	4	5	6	7
8	9	10	11	**12**	13	14
15	**16**	17	**18**	**19**	20	21
22	23	**24**	25	26	**27**	28
29	30	31				

2月

日	月	火	水	木	金	土
			1	**2**	3	4
5	**6**	7	**8**	9	10	11
12	13	14	15	**16**	17	18
19	20	**21**	**22**	23	24	25
26	27	28				

3月

日	月	火	水	木	金	土
			1	2	**3**	4
5	**6**	7	8	**9**	10	11
12	13	**14**	15	16	17	18
19	20	21	**22**	23	24	25
26	27	**28**	**29**	30	31	

4月

日	月	火	水	木	金	土
						1
2	3	4	5	**6**	**7**	8
9	**10**	**11**	**12**	**13**	14	15
16	17	18	**19**	20	**21**	22
23	**24**	**25**	**26**	27	**28**	29
30						

5月

日	月	火	水	木	金	土
	1	2	3	4	5	6
7	8	**9**	**10**	**11**	12	13
14	**15**	**16**	**17**	18	19	20
21	22	23	**24**	25	**26**	27
28	29	**30**	31			

6月

日	月	火	水	木	金	土
				1	2	3
4	**5**	6	7	**8**	**9**	10
11	12	13	**14**	15	16	17
18	**19**	20	21	**22**	23	24
25	26	**27**	28	29	30	

7月

日	月	火	水	木	金	土
						1
2	3	**4**	5	6	7	8
9	10	11	**12**	**13**	14	15
16	17	**18**	19	20	21	22
23	24	25	26	27	28	29
30	**31**					

8月

日	月	火	水	木	金	土
		1	2	**3**	4	5
6	7	8	9	10	11	12
13	14	**15**	16	17	**18**	19
20	**21**	22	23	**24**	**25**	26
27	28	29	30	31		

9月

日	月	火	水	木	金	土
					1	2
3	4	5	6	7	**8**	9
10	**11**	12	13	14	15	16
17	**18**	19	**20**	21	22	23
24	**25**	26	27	**28**	**29**	30

10月

日	月	火	水	木	金	土
1	**2**	**3**	**4**	5	6	7
8	9	**10**	**11**	12	**13**	14
15	**16**	**17**	**18**	19	20	21
22	23	**24**	**25**	**26**	27	28
29	**30**	31				

11月

日	月	火	水	木	金	土
			1	**2**	3	4
5	6	**7**	8	9	10	11
12	**13**	**14**	15	16	17	18
19	20	**21**	22	23	**24**	25
26	27	28	29	30		

12月

日	月	火	水	木	金	土
					1	2
3	**4**	5	**6**	7	8	9
10	11	**12**	13	14	**15**	16
17	**18**	19	20	**21**	22	23
24	25	26	27	28	29	30
31						

■…予定あり

１年分のカレンダー（昨年）をプリントアウトして並べてみると、どこが繁忙期でどこが閑散期だったかがわかるため、次の１年の見通しが立てやすくなる！

私の場合だと、4月～5月は、たいてい企業研修や講演の仕事でいっぱいになります。ちょうど新入社員が入社する時期だからでしょう。

ですから、毎年なるべくこの時期には、他の仕事を入れないようにしています。たとえば本の執筆依頼をいただいても、4月～5月には執筆が重ならないよう、打ち合わせを行なって刊行予定を相談します。

このように、一時期に仕事が集中すぎることを避けるようになってから、仕事の効率も質も、格段に上がりました。

俯瞰することで「ムダ」が見つかることもある

ただ会社員だと、会社や上司の都合で仕事の予定が決まることも多く、「なかなか自分の都合では決められない」と思われるかもしれません。

それでも試しに、向こう1年分のカレンダーを俯瞰してみてください。

予定をバラけさせるというのは、何も仕事に限った話ではありません。

たとえば、毎月、惰性で行っている飲み会や、使うアテのないスキルを身につける教室。繁忙期にこうした予定が入っていたら、効率化のチャンスです。予定を入れると充実感が増すものですが、**仕事の効率も質も上げていくには、いったん入れた予定を削っていく、という発想も重要**です。

緊急でも重要でもない予定はザクザク削る、あるいは閑散期に移動させるだけで、みるみる、「本当にやらなくてはいけないこと」に使える時間が増えていくでしょう。

オンとオフの切り替えは日曜日の夜から始まっている

正月ボケ、ゴールデンウィークボケ、夏休みボケ、週末ボケ……毎回、休み明けの頭を仕事へと切り替えるのは大変です。同じ職場でも、休み開け初日からシャキッとしている人もいれば、なんだかボーッとしている人もいます。

なぜ、そんな違いが出てしまうのかというと、心と頭の切り替えを上手にできるかどうかが人によって違うから……ですが、個々人の資質のせいにばかりもしていられません。

切り替えが下手な人でも、意図的に心と頭を切り替える方法があるからです。

じつは、ここにも「カレンダーを公私混同」にしたほうがいい理由が隠れています。

仕事の予定もプライベートの予定も一緒になっているカレンダーであれば、休み中でも、カレンダーを開けば自然と仕事の予定が目に入ります。

とくに**休みの最終日に、カレンダーを眺めてみてください。**

ぼんやりと眺めるだけでもかまいません。それでも、翌日に入っている仕事の予定などが目に入れば、自然に心と頭が仕事に向けてモードチェンジを始めます。

そしてひと晩寝て起きたときには、すでにモードが切り替わっており、すんなりと仕事のある日常へと戻っていけるでしょう。

ウソだと思われた人は、ぜひ試してみていただきたいと思います。休み明けの前夜の意識が、意外と翌朝のエンジンのかかり方、そして仕事の効率にも大きく関わってくることに気づいていただけると思います。

移動時間が「事務処理時間」に変わる便利アプリ

ここまでカレンダーアプリについてお伝えしてきました。ここからは、移動時間に使える便利アプリについてご紹介してまいりましょう。

アプリを使えば、移動時間が「事務処理時間」に一変するのです。

たとえば、経費精算や名刺整理などの雑務は、ついつい、溜め込んでしまいがちではないでしょうか。しかも、溜め込めば溜め込むほど、処理するのがめんどうになっていきます。

そして「もう、今日こそやらなくては」と腹をくくって取りかかると、ものすごく時間を浪費しているような気分になる……。「経費精算だけで半日が過ぎてしまった！　時間をロスした」などという経験は誰しもあることでしょう。雑務は、溜め込まないほうがいいとわかっていながらも、会社では、他の仕事が優先になって、つい溜め込んでしまうものです。

ならば、「他に優先すべきことがある環境」で雑務を行なう、というところから見直してみてはいかがでしょう。つまり雑務は「雑務くらいしかできない環境」ですればいい。それに最も当てはまるのが、移動の車中というわけです。

会社員であれば、誰もが毎日、電車やバスで通勤しておられることでしょう。また日々、頻繁に外出される人もいらっしゃることと思います。その移動時間を「事務処理時間」と決めることで、おのずと、雑務がマメに処理されていくのです。

ここで必要なものは、スマホだけ。移動時間に、片手でマメに雑務を処理する習慣をつければ、「溜まってきたな。そろそろ処理しなくちゃ……」といったモヤモヤ感とも無縁になれます。

「MFクラウド経費」で領収書の溜め込みを回避！

では移動時間を「事務処理時間」に変える便利アプリを紹介しておきましょう。

おそらく、みなさんも溜め込みがちな事務処理といえば、先ほども挙げた「経費精算」「名刺整理」ではないでしょうか。

私は、経費精算には「MFクラウド経費」、名刺整理には「Eight」というアプリを使っています。この2つのアプリを入れて以来、経費精算も名刺整理も、自分のデスクでは、いっさいしなくなりました。

どちらも基本動作は、「スマホのカメラで撮影するだけ」。だから、電車で移動する際、立ったままでも簡単にできるのです。

「MFクラウド経費」は、領収書を撮影し、勘定項目などを選んで登録するというもの。スマホの機種によっては、Suicaなどの交通系ICカードと連携させて、交通費を一気に読み込む設定も可能です。

図22　経費精算アプリ「MFクラウド経費」でラクラク精算

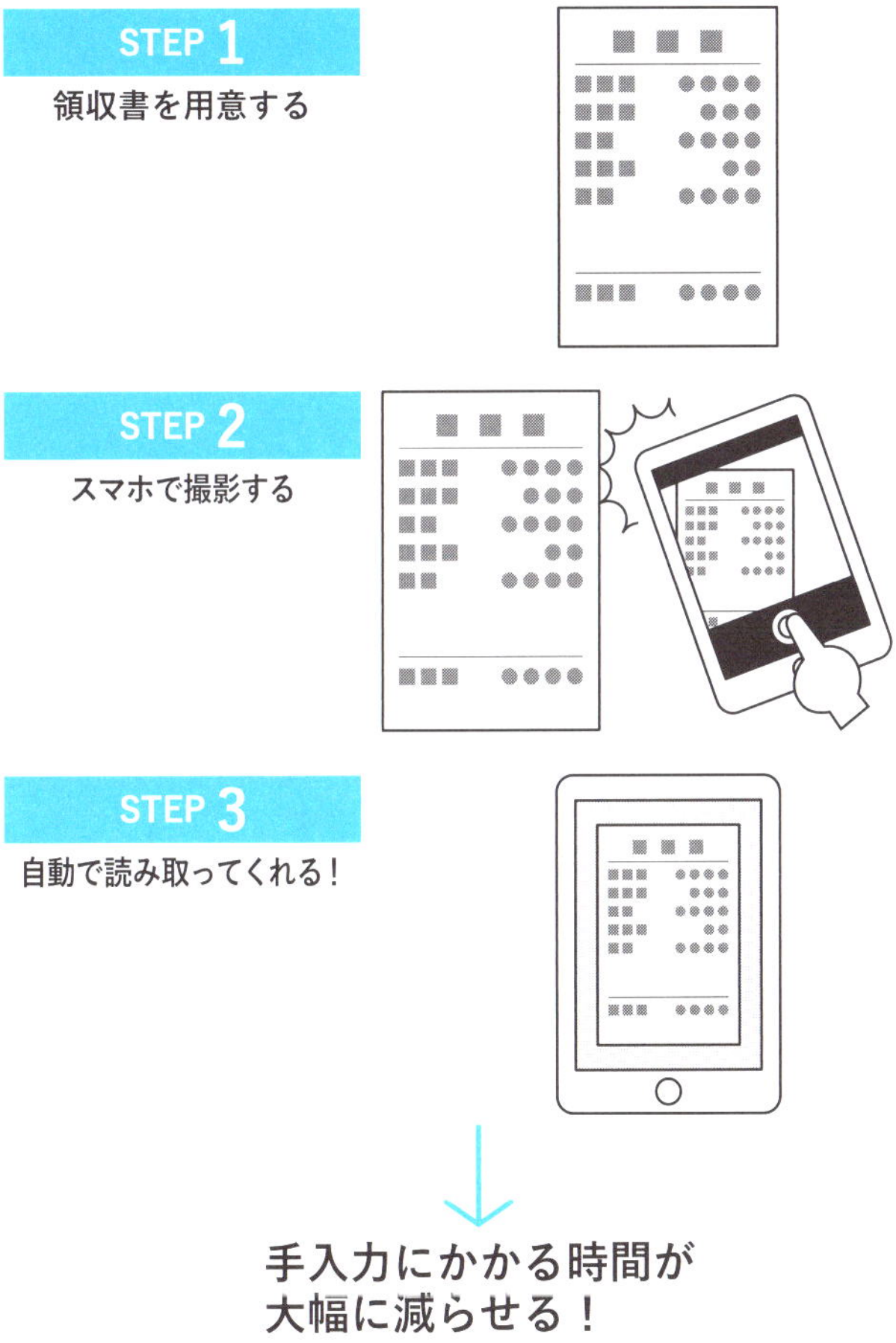
STEP 1
領収書を用意する
STEP 2
スマホで撮影する
STEP 3
自動で読み取ってくれる！
手入力にかかる時間が
大幅に減らせる！

個人の場合、領収書をスマホで撮影するだけで、経費管理もしてくれるので、圧倒的に効率がアップします（月300円〜）。

こうして作成された経費のリストは、パソコンにエクセルファイルで書き出すこともできますが、会社に経費申請する際には、社内の規定フォーマットやオンラインシステムに入力する必要があると思います。

ただ、日々スマホで経費を一括管理しておけば、あとあと、どっさり溜め込んだ領収書を1枚ずつ繰って入力したり、カレンダーを振り返りつつ1件ずつ外出時の交通費を調べ直したりする手間が大幅に省けます。

名刺は「Eight」でサクサク整理！

名刺の整理に便利な「Eight」は、いわば「名刺を使ったSNS」です。

まず自分の名刺をスマホのカメラで撮影し、登録します。

続いて、いただいた名刺を撮影すると、時間差で名刺上の文字情報がテキス

図23　名刺アプリ「Eight」で名刺を簡単整理

STEP 1
名刺を用意する

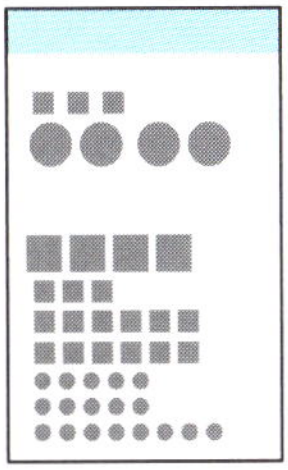

STEP 2
スマホで撮影する

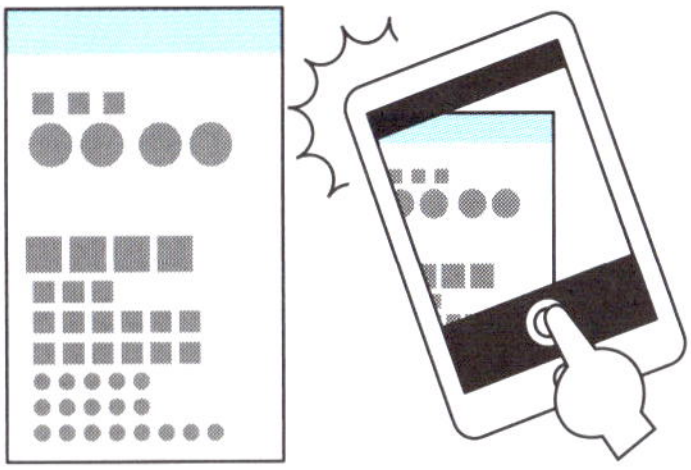

STEP 3
オペレーターが入力してくれる

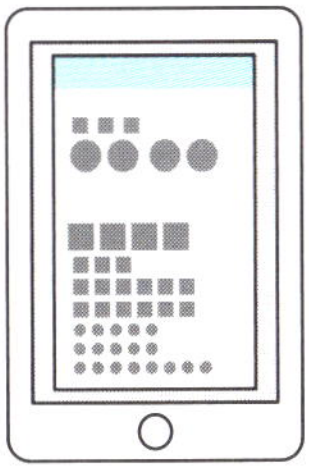

↓

手入力にかかる時間が大幅に減らせる！

トに変換され、名刺の写真とともにアプリ内に登録されます。つながった相手とは、「Eight」上でメッセージをやりとりすることもできます。

また、「Eight」には「名刺交換」機能も備わっており、「Eight」を使っている相手となら、スマホを振り合うだけで名刺交換が終了します（有料版なら、住所や電話番号をエクセルファイルとして書き出すことも可能です）。

そして何より「Eight」のいいところは、**前に登録した人が、配置換えや転職によって新しくなった名刺を登録し直すと、自分のところにも「○○さんが名刺を更新しました」とお知らせが入ることです。**

すると、ずっと前に会ったきりだった人が転職したことで、改めて仕事のつながりが生まれる、といったことが起こってきます。

逆に、会社をやめて独立した人が、新しい名刺を「Eight」に登録したところ、「独立のお知らせ」を出すまでもなく、さっそく仕事の依頼が舞い込んだ、という話も聞いたことがあります。

ここまで私が実際に使ってみて便利と感じているアプリを紹介しましたが、何を使いやすいと感じるかは、それぞれだと思います

これを機に、ぜひご自分でも、色々と事務処理のアプリを試してみてください。

執事のパートナーはアプリ？
大富豪の宿泊予約等に欠かせないツール

執事が絶対に間違えてはいけないことのひとつに、「予約日時」があります。大富豪に代わって宿泊先やレストラン、民間航空機や新幹線などを予約するのですが、この日時を間違えてしまっては、先方の予定が狂ってしまい、大変なことになるからです。

そこで私ども執事はこれまで、絶対にミスをしないよう、お仕えするご主人のカレンダーを二重三重にチェックしたり、予約先に確認するなどして、神経を尖らせていました。

それが今、ネット予約ができるようになってから、仕事の効率が大幅にアップしました。最近では、ホテルやレストランなどから送られてくる予約確認メールをiPhoneが自動認識し、iPhoneのカレンダーに情報を自動表示してくれるようになったからです。

この進化によりミスが激減し、執事の仕事も迅速に行なえるようになりました。

大富豪やVIPにとって執事がパートナーであるように、我々執事にとってアプリは、欠かせないパートナーなのです。

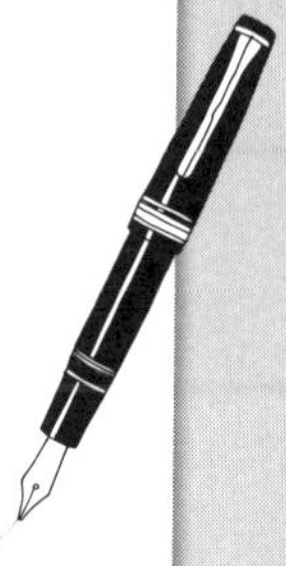

column

第5章

みるみる「自分の時間」が生まれる執事の「タイムマネジメント術」

大富豪やＶＩＰになればなるほどスケジュールの「余白」を好む

ここまで、「第1のノート」であるノート、「第2のノートである」手帳、「第3のノート」であるアプリの使い方についてご紹介してきました。ここからは、それらのツールを使って、より自分の時間を生み出すための方法についてお伝えしてまいりたいと思います。

今まで数多くの大富豪やＶＩＰと接してきて気づいたのは、みなさん、ほぼ例外なく**「スケジュール管理をご自身で行なっている」**ということです。

身分が高くなるとすべて秘書任せかと思いきや、違いました。フライトやお店、ホテルの予約など、事務的な手配は秘書に任せても、「いつ、どこで、何をする」というスケジュール管理だけはご自分で、という人が大半なのです。

考えてみれば、当然なのかもしれません。**スケジュールは、いうなれば「自分の人生そのもの」**です。人生に予定を入れていくその選択権を、なぜ人任せにしなくてはいけないのか――こんなふうにお話しする人もいらっしゃいました。

また、**大富豪やＶＩＰほど、スケジュールに「空白」が多い**というのも、ひとつの共通点です。一見、余暇ともとれる時間に何をしているのかというと、遊んでいるわけではありません。

家族と過ごす時間なども大切にしつつ、たいていは、新しい仕組みや新規事業のコンセプトを考えたり、インスピレーションを得られそうな場所に出かけたりしているのです。

つまり、目の前の仕事でスケジュールを埋めるのではなく、むしろなるべく空欄をつくり、将来に向けた思考、行動の時間としているわけです。

予定は「自分本位」で入れていく

スケジュール管理は自分で行なう。

なるべくスケジュールに空白をつくり、将来に向けたアクションを起こす。

こうしたＶＩＰの考え方、予定の入れ方は、私たちにとっても非常に示唆に富むものだと思います。

ここでみなさんにも振り返ってみていただきたいのは、**自分のスケジュールが人任せになってはいないか、**つまり**「他人本位」で予定を入れてはいないか**ということです。

ありがちなのは、打ち合わせなどの日時を相手の都合に従って決めていき、人との予定の間の「スキマ時間」を自分の仕事時間とすることです。

先ほどのＶＩＰ的な考え方に照らせば、これは、自分の人生の過ごし方を、人の都合によって決めているも同然ではないでしょうか。

人生を真に自分のものとするには、もっと自分本位で予定を入れること。**人の都合によらず、まず自分で「自分のアポ」をとることが重要**です。

自分の「仕事時間」、好きなことをする「余暇」、さらには「将来に向けたアクションを起こす時間」。すべて大切な「自分のアポ」です。

中でも、「余暇」や「将来に向けたアクションを起こす時間」は、後回しになりがちです。

目の前のことをこなすので精一杯……。

そんな人は、ぜひ一度振り返ってみてください。

自分の時間が確保できないのは、単に仕事がたくさんあるからでしょうか。というよりも、いつも他人本位で予定が入ってしまっているからではありませんか?

将来に役立ちそうな本があるのなら、「読書の予定」を先に入れましょう。

身につけておきたいスキルがあるのなら、「学ぶ時間」を先に入れてしまいます。

もちろん、自分の仕事をする時間も先に予定に入れ、余暇もあらかじめ確保するのがベストです。

「それでは、人との予定が入れられなくなるのでは？」なんて思われたかもしれませんが、大丈夫です。

大切な「自分のアポ」を守りつつ、人との予定もしっかりこなせる、そんな「スケジュール術」を、これからお話ししていきましょう。

時間と成果と信頼を生み出すアポの入れ方

「自分のアポを先にとってから人とのアポを入れていくなんて、自己中心的すぎて自分にはできない」と思われるかもしれませんが、それは話の持っていき方次第です。

出世したら、部下ができたら、それこそ秘書をもてるようになったら、自分本位で予定を入れられるようになるのではありません。

人の都合に振り回されないよう、常にスケジュールの主導権を握ろうとするのは、これから「できるビジネスパーソン」になっていくひとつの糸口です。

なぜなら、**自分本位で予定を入れることで、時間を自発的に管理する、とい**

う意識が生まれます。すると、「振り回される」という意識も少なくなり、仕事が速くなり、結果として成果も生まれやすくなるからです。**周囲の信頼感も評価も上がることが期待できます。**

ここで重視すべきは、人との予定を決めるときに、相手の都合に振り回されずに、**自分の時間をしっかり確保できるようにすること**です。これが、自分本位で予定を入れると「時間が生まれる」ということです。

そのため、打ち合わせなどの日時を決める際には、自分にとって都合のいい日時を、先にいくつか提案します。「いつでもいいですよ」と相手にボールを預けるのではなく、先に自分からボールを投げるのです。

では、どんなボールを投げたらいいでしょう。

まず先に決めた自分の仕事時間や自分の勉強時間など、「自分のアポ」と重ならない日時というのは、今までの話から明らかだと思います。加えて、的確なボールを投げるポイントは、あと3つあります。

一筆書きするように予定を入れていく

1つ目は、**1日の外出先が同じ地域、同じ路線にまとまるようにする**こと。なるべく時間のロスが生まれないよう、複数の外出先を「ひと筆書き」にするイメージで、予定を入れていきます。

たとえば、Aという地域に行く日時を決める際、すでに同じA地域や、A地域と同じ路線に用事が入っている日があれば、その日を優先的に提案すればいいのです。これは特に、外出の多い仕事の人ほど意識しやすいポイントです。

2つ目は、**より重要度の高い予定、返事をすぐにくれる人との予定から入れていくこと**です。

打ち合わせ相手や案件の大きさによって、予定の重要度は違うと思います。また、予定を決めようにも、相手がなかなか返事をくれなくては、ほかの予定が入れられなくなってしまいます。

そこで、より重要度の高い予定、返事をすぐにくれる人との予定を先に決めてしまうのです。いわば、**「この日はこの方面に出かける」という「予定の軸」を先に定めると、他の予定の日時も提案しやすくなる**というわけです。

自分の苦手な時間帯以外を提案する

3つ目は、まさに自分本位なコツといえるかもしれません。

それは、**自分の苦手な時間帯以外の日時を提案すること**です。

たとえ先約が入っていなくても、「なるべく人と会うことを避けたい時間帯」というのはあるのではないでしょうか。それなのに相手の都合任せにしたために、その苦手な時間に渋々、予定を入れることも多々……。

こういった相手の都合任せのスケジューリングをなくすということです。

もっと自分本位でいいのです。

たとえば私は、体質上、朝が非常に苦手です。万が一、寝坊をして相手に迷

図24　時間と成果と信頼を生み出すアポの入れ方

POINT 1　１日の外出先をできるだけ同じ地域・同じ路線にまとめる

POINT 2　より重要度の高い予定・返事を即くれる人との予定を優先する

POINT 3　自分の苦手な時間帯以外の日時を提案する

↓

効率よくスケジュールが組めるようになる！

惑をかけてしまっては、信用にも関わります。そのリスクを回避するために、なるべく朝以外の時間帯を選んで提案しています。

人それぞれ、お昼のあとはどうしても頭の働きが鈍くなる、夕方を過ぎると家庭に差し障《さわ》るなど、苦手な時間帯、都合の悪い時間帯があるでしょう。

どうしても相手の都合に従わなければいけない場合は仕方がありませんが、自分から提案するときには、今申し上げたような自分の事情に従って、日時を選んでもいいのです。これらを念頭に置いて、あくまで「候補」として、いくつかの日時を提案します。

提案がひとつだけだと、相手に「自分勝手な人」という印象を与えかねませんが、いくつか候補があれば、相手も決めやすく、よりスムーズに予定が決まるでしょう。

つまり、**自分からいくつかの日時を提案するのは、じつは相手の利便性にも適うこと**なのです。

「外出日」と「内勤日」を決めて移動時間のロスをなくす

自分本位で予定を入れていくと、どんどん時間が生まれます。

ここでもうひとつおすすめしたいのは、「この曜日は外出する日」「この曜日は会社にいる日」というふうに、**1週間の予定をパターン化すること**です。

たとえば、「毎週月曜日は全体会議」「毎週木曜日は部内会議」と決まっているとしましょう。

一定の時間を社内で過ごすことが、あらかじめ決まっているのですから、月曜日と木曜日は「内勤日」と決めて、社内でできる仕事の予定を集中させます。

そして、月曜日と木曜日以外の曜日を「外出日」と決め、社外での打ち合わせや外回りの予定を集中させればいいのです。

こうした曜日によるパターン化ができなくても、このワザは使えます。

ひとつ外出の予定を入れたら、あとに決まる外出予定もなるべく同じ日に集中させ、「外出する日」と「会社にいる日」が分かれるようにすればいいのです。

そのためにも、やはり前項で述べたように、「候補の日時は自分から提案する」ことが大切です。

このように、「外出日」と「内勤日」を分けるメリットは、**「移動時間」という時間のロスがなくなること**です。

極端なことを申し上げれば、月曜から金曜まで、毎日1件ずつ外出予定が入っていると、「会社→外出先→会社」という移動が5回、生じます。

それが週に2日、2〜3件ずつの外出予定であれば、「会社→外出先1→外出先2→外出先3→会社×2回」という流れにまとめられます。

「自宅から直行し、自宅へ直帰すること」が許される会社であれば、会社に寄

図25　外出日と内勤日を決める

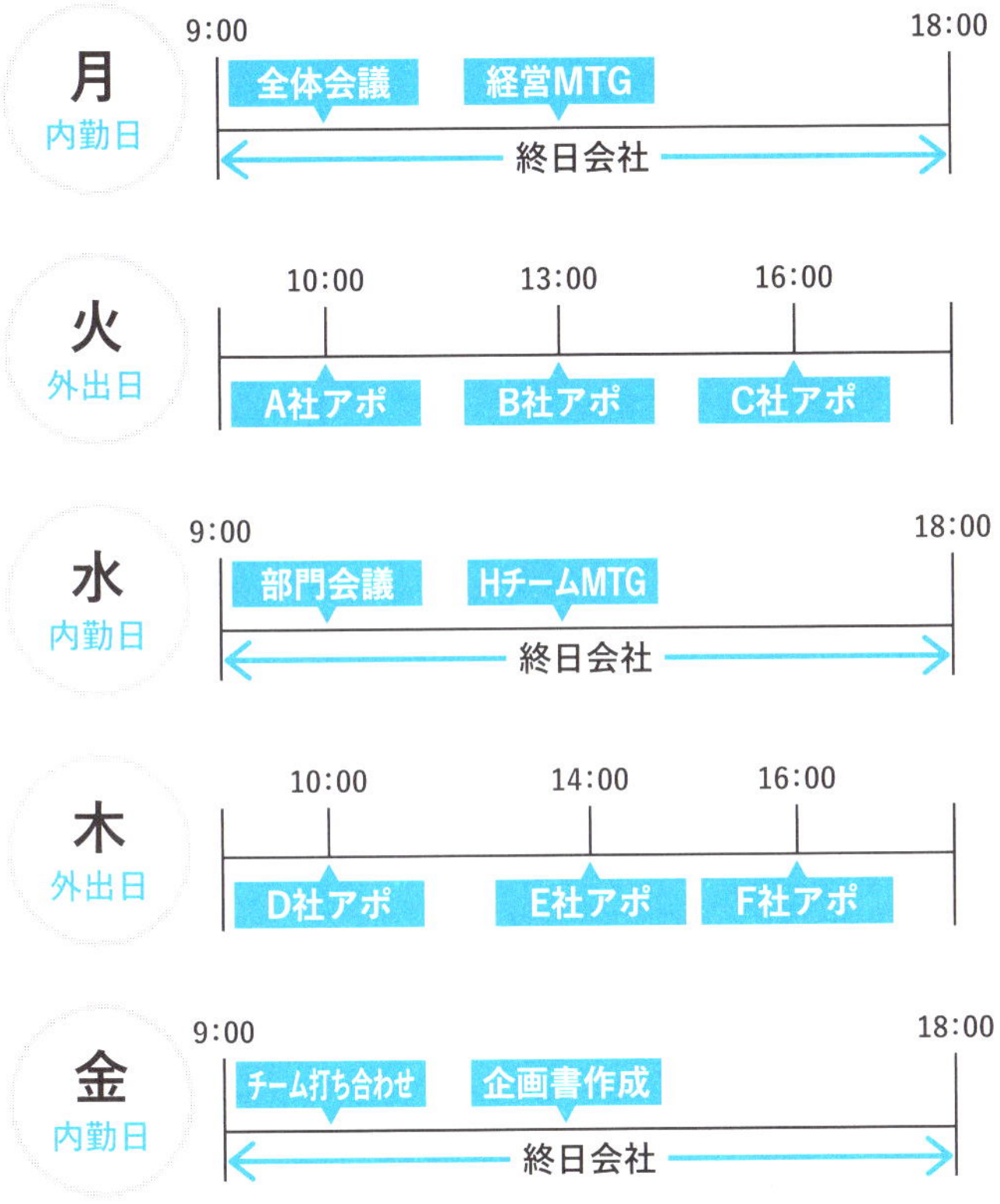

1週間の予定がパターン化できると時間のロスが減り、集中して仕事ができるようになる！

る時間までも削ることができます。小さな差でも、やはり積み重なれば大きな差になります。

これに加えて、**外出日と内勤日を分けると、集中力にも差が出てきます。**

たとえば、集中して会議の資料を作っている途中で、外出したとしましょう。いくら「続きは戻ってからにしよう」と思っていても、帰社してすぐに外出前の集中状態に戻るのは、どんなに頭の切れる人でも容易ではありません。「いったん途切れた集中力を取り戻す」という時間のロスが生じてしまうのです。

裏を返せば、**「外出日」と「内勤日」をきっちり分けることで、そんな時間ロスもなくなる**ということ。より集中して仕事ができるようになり、ここでも、仕事の効率と質の両方を上げることが叶うというわけです。

「15分遅れ」の法則で「打ち合わせ1時間病」を撃退する

打ち合わせというと、つい「1時間」で設定しがちではないでしょうか。

私はこれを「打ち合わせ1時間病」と呼んでいます。

中には「30分程度あれば十分」という打ち合わせもあるはず。つまり、**いつも何となく自動的に「1時間」と設定していると、無自覚のうちに時間のロスを生むことになる**のです。

ですから、**打ち合わせ日時を決める前に、「どれくらい時間をかければいいのか」を考えるクセをつけることが大事**です。

時間に余裕をもって予定を入れることも、もちろん大切です。しかし中には、

「あの人との打ち合わせは99％雑談だな」という相手もいらっしゃることでしょう。そういった打ち合わせの時間を、思い切って短縮してみるのです。

これは、前にもお話しした「打ち合わせの主導権」を握るうえでも重要です。仮に「この打ち合わせは30分」と見た以上は、打ち合わせが30分で終わるように、場を仕切るということです。

アポの時間は15分始まり

「打ち合わせ1時間病」を治療するには、**アポを「15分スタート」にする**のも効果的です。

人間の心理とは不思議なもので、「00分開始」だろうと「15分開始」だろうと、なんとなく「00分終了」を目指すものです。つまり「15分開始」とすると、以前は1時間かかっていたものが、45分で終わるということです。

これは、打ち合わせが薄くなるということではありません。ちょっとした雑談で場を温めたら、すぐに本題に入り、サクサク話が進むから、時間短縮になるのです。

つまり「15分」にスタートし、「00分終了」を意識することで、**ムダ話がなくなり、むしろ打ち合わせの密度が高まる**ということです。

ほんの15分でも、やはり積み重ねれば大きな差です。4つ重なるだけでも1時間の効率化になるのですから、こういう小さなワザも知っておくと役立ちます。

また、このワザには、「相手の遅刻が減る」という副次的効果もあります。「〇時00分」というのは、厳密な時間を示しているにもかかわらず、ざっくりとした認識になりがちです。いってしまえば「〇時くらい」「〇時前後」といった印象で済ませている人も多いのです。

そこで**スタート時間を15分後ろにずらすだけで、相手の遅刻が格段に減る**――これは私の実体験でもあります。

おそらく、「あえて15分スタート」というのが印象に残りやすいからでしょう。

また、「15分スタート」と言われて、「15分着」を目指して会社を出る人は少ない、というのもあると思います。「00分」を目指せば15分には間に合う……、そういう心理が相手に働くことで、遅刻による時間ロスもなくなるというわけです。

アポ前の30分を「神時間」に変える方法

素早く的確な仕事をするには、時間の効率化は必要不可欠です。

今までは無自覚だったムダな時間を見つけ、削っていく。

予定を埋めることより、空けることを意識し、自分の時間を確保する。

これらは確かに重要なのですが、自分の時間を優先しようとするあまり、「本当は確保しておいたほうがいい時間」まで削ってしまわないよう、要注意でもあります。


待ち合わせに確実に間に合うよう、時間に余裕をもって出かけることなどは、その代表でしょう。

交通機関の乱れや車の渋滞など、多少、不測の事態が起こっても、ちゃんと間に合うようにするには、それなりに余裕をもって出かけなくてはなりません。

でも、余裕をもって外出して滞りなく到着すれば、当然、数十分も前に待ち合わせ場所に到着することになります。実際には、不測の事態が起こることは稀ですから、早めに到着するケースのほうが多いことでしょう。

では、これを「時間のムダ」と見て、ジャストの時間に到着するようにしたほうがいいのでしょうか。結論から申し上げれば、ムダと見るべきではなく、やはり十分な余裕をもって到着するようにしたほうがいいのです。

なぜなら、不測の事態は「万が一」としても、その**「万が一」が起こって遅刻をしたときに失うものは、存外に大きい**からです。たとえ人身事故で電車が遅れたせいだったとしても、たった1回の遅刻で相手の信用を失いかねません。大きなお金が動く取引ほど、「たった1回」で失うものは大きいはずです。

つまり**待ち合わせ時間の前の数十分は、「ムダな時間」ではなく、「必要な余**

裕」なのです。

そう考えれば、この「必要な余裕」の間に何をしようか、という発想も広がるのではないでしょうか。

私も、たいていは、待ち合わせ時間の30分前には必ず現地に到着するようにしています。到着してからの時間は「外出先でもできることをする時間」とあらかじめ決めているため、その30分をムダにしたことはありません。

時間は使いようです。

この「必要な余裕」の一部を、第1章でお話しした「打ち合わせのゴール」「次のアクション」「締め切り」を決める時間にあててもいいでしょう。

メールが溜まっているのなら、この時間をメールチェックと簡単な返信の時間とすることで、会社で過ごす時間も効率化されます。その他、先ほどご紹介した経費精算の時間にあてるのもひとつの方法です。

このように、あらかじめ「すること」を決めておけば、単なる待ち時間を、有意義な時間に変えることができます。

タクシーやホテルへの出費も「安心料」と考える

前の予定が押してしまい、乗るつもりの電車に乗れなかった。このままでは次の予定に遅刻してしまうかもしれないが、タクシーに乗れば、確実に間に合う——。

こういったことは、時間に余裕をもって予定を入れていても、起こりうることです。

人との約束を守るために、**多少の出費もいとわないことが大事**だと、私は考えています。

私の場合、その多くはホテル代です。

先ほど、私は朝の予定をなるべく避けているとお話ししました。

それでもときには、朝に打ち合わせなどが入ることがあります。私の家から都心まではl時間ちょっとかかるため、間に合うように家を出るには、早朝に起きなくてはいけない場合もあります。

こんなとき私は、打ち合わせ当日の前夜から、打ち合わせ場所近くのホテルに泊まり込むことにしています。そうすれば、たとえ当日、少し寝坊をしたとしても間に合います。

宿泊代はすべて自腹です。しかし、この宿泊代は、私にとっては安心料であり、価値ある出費なのです。


このように、思い切ってタクシーを使う、あるいは前乗りしてホテルに泊まってしまうと、心に少しだけ余裕が生まれます。

「遅刻するかも」と焦っているときには、ろくろく電車の中で雑務処理などできません。「明日、寝坊したらどうしよう」と不安な夜には、落ち着いてものをを考えることもできません。

そこでタクシーに乗る、前夜からホテルに泊まり込むという選択をすれば、少しだけ焦りや不安から解放され、その時間を雑務処理などの仕事時間とすることができるのです。そう考えると、**タクシー代やホテル代は安心料であるとともに、仕事時間を買った代金でもある**といえます。

「自分のペース」で仕事をするための上司マネジメント術

今では、全社員のスケジュールが閲覧できるようになっている職場も多いと思います。それを利用して、人に振り回されず、自分の思いどおりに動いていく方法もあります。

ただ、自分本位に動こうとしても、案外上司が障害になるというケースも少なくありません。

たとえば、会社を出なくてはいけない時間に、たまたま上司につかまってしまった場合、あとに控えているのが仕事の予定であれば、「○社との打ち合わせがありますので」などと中断してもいいのでしょうが、それもストレスです。

ましてや、あとの予定がプライベートとなれば、いよいよどうにもなりません。

ここは先手必勝でまいりましょう。

まず、会社を出なくてはいけない時間の30分くらい前には、上司の目につかない場所に移動します。ズルいようですが、最も簡単で効果的な方法です。

それ以前に、予定を入れる段階でできることもあります。上司の予定を見て、自分の予定を立てるようにしてみるのです。

私も、海外からＶＩＰのお客様がいらっしゃる日などには、たとえ、その方との打ち合わせとかぶらない時間帯でも、大事な予定は入れないようにしています。


たとえば、上司だけが出席する幹部会議のあとは、何かしら指示が飛んでくることが多いもの。それを見はからって、幹部会議直後の時間帯には、あえて外出予定を入れてしまいます。

逆に、出世したいという人は、その時間帯には予定を入れないようにすれば、上司に「毎回ちょうどいいときにいてくれる部下」という印象を与えることもできます。

また、上司が朝早く出社するとわかっている日には、自分は、もっと朝早く出社するというのもひとつの方法です。こんな小さなことでも、人の評価は変わったりするものなのです。

あるいは、プライベートの予定は、夕方以降、上司が会社にいない日に入れるようにします。これでもう、「ごめん、出る寸前に上司につかまっちゃって……」などと言い訳しなくてもよくなります。

加えて、上司の予定は、上司の機嫌を見計らう目安にもなります。

「A社の△△さんと会ったあとは、たいてい機嫌が悪いけど、B社の××さんと会ったあとは、たいてい機嫌がいい」など、**上司を観察していると「予定と機嫌」の法則性も見えてくる**はずです。

そこで、企画書の提出や、進行中のプロジェクトの相談は、上司の機嫌がよくなる予定のあとに行なうというのも、会社員にとっては重要な処世術でしょう。

ここまでお読みになって、「自分本位で予定を入れるんじゃなかったの？　結局は上司の予定に合わせているじゃないか」と思われたでしょうか。

ここで少し考えてみていただきたいと思います。

上司の動きを見て動きを決めるとトクするのは誰でしょうか。自分です。これが最も重要なポイントです。つまり、上司の動きを見て自分の動きを決めることもまた、自分本位のスケジュール術なのです。

会社員だと、どうしても、自分の予定に影響を与える人がいるものです。

そんな**人の予定を常に意識して自分の動きを決めていくことで、少なくとも、予期せぬタイミングで振り回されてあわてるリスクは回避できる**でしょう。

できる人が飲み会であえて幹事を買って出る意外なメリット

飲み会は、「朝の予定を狂わせる都会の大雪」と同じ——。

その心は、二日酔いで起きられない、頭が痛い、お腹の調子が悪い、そのせいで朝の予定が大きく狂ってしまいかねない、ということです。

では、どうしたらいいのでしょうか。

飲み会の翌朝に予定を入れないことは必須ですが、上司や先輩、お客様の都合でどうしても調整が難しいケースもあるでしょう。

そこでおすすめしたいのが、**飲み会の幹事を買って出ること**です。

「えっ、面倒なんだけど……」と思われたでしょうか。

幹事とは、みんなの都合の調整をしながらも、最終的には、自分都合で物事を決められる立場です。面倒な役回りだと思われがちですが、**「自分本位のスケジュール術」という意味では、むしろ積極的に引き受けたほうがおトク**なのです。

飲み会の日取りひとつとってみても、参加者全員の都合が出そろったところで、最も自分に都合のいい日に決めることができます。翌朝に予定が入っている日を避けることもできます。

幹事になると、お店の選択権も与えられます。そこでおすすめなのが、**あえて逆張りの店を選ぶ**ということ。

たとえば、夏場の宴会であれば、「てっちり」や「すき焼き」といった鍋料理のお店、冬場の宴会であれば、「うなぎ料理」「豆腐料理」など、あっさりかつ夏場のイメージがあるお店を選びます。

なぜかというと、季節によって旬や流行りがある料理を専門的に提供しているお店は、閑散期にはお値打ちのメニューを提供していたり、ベテラン従業員だけでお店を運営していたりして、接客サーヴィスが隅々まで行き届いているケースが多いからです。結果として、満足度も高くなる傾向があります。

そして、もうひとつ。とくに仕事関係の宴会のある日は、なるべく夕方には予定を入れないようにしたほうがいいでしょう。

「飲み会は多少、遅刻してもいいもの」と思っていませんか？

でも、人は、そういうところをちゃんと見ているものです。

遅刻を軽く考えていることで、無自覚のうちに相手に悪い印象を与えてしまっては、もったいないですね。**飲み会への遅刻は、打ち合わせに遅刻するのと同等と考えておいたほうがいい**のです。

おわりに

私には、手帳を新しくするたび、必ず書き写す言葉があります。

「Mastery for Service」——直訳すると「奉仕のための練達」という意味です。

執事として生きる哲学そのものが、このひと言に言い表されているように思え、私の経営する「日本バトラー&コンシェルジュ」の社是にもしています。

私ども執事の仕事は、目の前のお客様、もっと大きくとらえれば、今、自分たちが生きている社会に奉仕をすることです。しかし真に奉仕をするためには、しっかり貢献できる力を鍛えなければなりません。

確実かつ迅速に仕事を進める技術を磨くこと。

ご要望を引き出し、理解するコミュニケーション能力や知識を養うこと。

ワイングラス一脚をお客様の目の前に置く、そんなささいな動作ひとつにも、気の遠くなるような時間と回数をかけて、お客様に貢献できるよう、鍛錬を続けているのです。

「Mastery for Service」という短い言葉には、お客様や社会に真に奉仕するため、こうした仕事の技術から人格、品格に至るまで、己を磨き続けよという戒めが込められているのです。

毎日、手帳を開き、この言葉を目にするたび、困難なこと、つらいことがあっても、立ち向かう勇気が出てきます。仕事が上手くいっているときには、有頂天にならぬよう、改めて自分を戒めることができます。

そしてノートをとることで、お客様のご要望を引き出せているか、価値ある奉仕をしているか、自分磨きを怠ってはいないかと、日々、省みています。私もまた、本書でご紹介したノート&手帳術によって、日々精進する身なのです。

自らが成長を希求し、成長し続ける限り、ビジネスパーソンの人生に終わりはないと、私は考えています。本書が、この先、みなさんがより豊かな仕事人生を実らせていく、ひとつのよすがとなりますように。

新井直之

著者紹介

新井直之（あらい・なおゆき）

日本バトラー&コンシェルジュ株式会社 代表取締役社長

大学卒業後、米国企業日本法人勤務を経て、日本バトラー&コンシェルジュ株式会社を設立。フォーブス誌世界大富豪ランキングトップ10に入る大富豪、日本国内外の超富裕層を顧客に持つ同社の代表を務める傍ら、企業向けに富裕層ビジネス、顧客満足度向上、ホスピタリティに関する講演、研修、コンサルティング、アドバイザリー業務を行なっている。ドラマ版・映画版・舞台版『謎解きはディナーのあとで』、映画版『黒執事』では執事監修、主演の櫻井翔さん、北川景子さん、水嶋ヒロさん、DAIGOさんらの所作指導を担当。

Amazonランキング1位（投資・金融・会社経営）、総合3位を獲得した『執事だけが知っている世界の大富豪58の習慣』（幻冬舎）、『執事のダンドリ手帳』（クロスメディア・パブリッシング/三笠書房）、『執事が教える至高のおもてなし』（きずな出版）など著書多数。著書は海外でも翻訳出版され、累計発行部数は30万部を超える。

◆日本バトラー&コンシェルジュ株式会社
http://butler-concierge.com

世界のVIPが指名する 執事の手帳・ノート術

2017年11月21日　第1刷発行

著　者　新井直之
デザイン　藤塚尚子（ISSHIKI）
編集協力　福島結実子
編　集　宮本沙織、大島永理乃
DTP　横内俊彦（ビジネスリンク）
校　正　株式会社文字工房燦光
発行者　山本周嗣
発行所　株式会社文響社
〒105-0001　東京都港区虎ノ門2-2-5 共同通信会館9F
ホームページ：http://bunkyosha.com
お問い合わせ：info@bunkyosha.com
印刷・製本　凸版印刷株式会社

 ISBNコード：978-4-86651-039-2　Printed in Japan
この本に関するご意見・ご感想をお寄せいただく場合は、郵送またはメール（info@bunkyosha.com）にてお送りください。